月居良子の
いくつになっても着たい服

文化出版局

contents

1
5分袖のTシャツ
how to make — p.34

2
バルーンスカート
how to make — p.36

インナーとしていろいろな服と相性抜群のリネンのTシャツ。ほどよいボリュームのバルーンスカートと。

3
長袖のＴシャツ
how to make — p.38

4ページのＴシャツの長袖バージョンがこちら。綿で作れば一年中着回せて重宝します。

アシンメトリーのあきが特徴のチャイニーズ風ブラウスには、アシンメトリーなスカートを合わせて。

トップスもスカートも6ページと全くの同型で布を替えただけ。こんな組合せはいかがですか。

8
ギャザーブラウス
how to make — p.42

衿ぐりにも袖にもギャザーがたくさんのゆったりシルエット。首回りが気になる人は共布のストールを巻いて。

9

バンドカラーの
シャツ
how to make — p.44

前は短めの着丈でバランスよくすっきり見え、ロングテールの後ろはヒップが隠れる長さなので安心。

10
Vネックの
ブラウス
how to make — p.46

11
ギャザースカート
how to make — p.43

きれいな花柄は顔映りが明るく見えます。Vネックのブラウスとギャザースカートを同じ布でセットアップ風に。

ストールはサッシュとしてウエストに巻いても。ブラウスは着丈が短めなのでワイドパンツがよく合います。

トップス／3 長袖のＴシャツ ─ p.5

12
ワイドパンツ
how to make ― p.48

幅広のワイドパンツに、大きなタータンチェックがよく映えます。春夏にはリネンで作りたい。

トップス／1 5分袖のTシャツ ― p.4

トップスはp.4、ボトムスはp.12のそれぞれ布を替えるとこんな感じ。上下セットアップ風もいいでしょう?

15
ロールカラーの
ワンピース
how to make — p.52

フォーマルにも着られるＡラインのワンピース。これだけでおしゃれに決まるから1枚あるととにかく便利。

16

ボーカラーの
ワンピース
how to make — p.54

きちんと感のあるボーカラーのワンピースはそのまま着てもいいし、こんな風にボトムスを合わせても。

いくつになっても着たい、私の好きな服

以前から仕事の場では自作の服を着ています。
デザインは、何年経っても基本的には変わらない形で
「着ていて心地よい。安心できる。自信がもてる服」をモットーとしています。

もちろん、そのときの年齢や世の中の流行も多少は考慮しますが
いちばんは「理想の姿に少しでも近づけるように」という思いで作っています。

私の好きな服を集めたこの本は、30代くらいからシニアのかたまで着られます。
ご覧のように、年齢が違ってもそれぞれ似合うでしょう？
パターンは9号～17号までをM、L、2L、3Lの4サイズに展開したので、
ふくよかさんも大丈夫。

デザインして、布を選んで、縫う。
そして自分流に着る。
それが私のしあわせ。

みなさんも、
楽しく作って楽しく着ていただけたら、
うれしく思います。

月居良子

左は p.19 のブラウス、p.25 のパンツ、中央は p.7 のブラウス、右は p.20 のブラウスを着ています。

17

バンドカラーの
シャツ
how to make — p.56

衿ぐりにギャザーを寄せたゆったりシルエットのシャツ。後ろのヨーク切替えにもギャザーが。

18
Vネックのチュニック
how to make — p.51

家でのんびり過ごしたい ── なんて日にこんなチュニックはいかが？　ゆったりしているから身も心もリラックス。

切替えでギャザーが寄っているのでおなか回りをさりげなくカバー。バルーンパンツと合わせてキュートに。

21
ロールカラーの
ブラウス
how to make — p.62

前後ヨーク切替えと袖にもギャザーがたっぷりのガーリーなブラウス。ロールカラーは立ててもかわいい。

22
切りっぱなしの
ベスト
how to make — p.59

圧縮ニットはほつれないから切りっぱなしで大丈夫。簡単に作れるうえ、これ1枚で着映えがするベストです。

23
ロングジレ
how to make — p.64

暖かいし、体型カバーにもなるし、なんといってもはおるだけでおしゃれに見える。ロングジレは秀逸アイテム。

ボトムス／27 ワイドパンツ — p.25

24
ロングジャケット
how to make — p.66

25
ストレートパンツ
how to make — p.68

長い着丈のシンプルなジャケット。ストレートパンツと共にウールで作り、セットアップで改まった印象に。

インナー／3 長袖のTシャツ — p.5

26
ロングジャケット
how to make — p.66

27
ワイドパンツ
how to make — p.48

p.24のジャケットを鮮やかな色のリネンで作りました。ボトムスは、p.12と同じ形のワイドパンツです。

インナー／1 5分袖のTシャツ — p.4

28
切りっぱなしの
ジャケット
how to make — p.69

圧縮ニットで作ったジャケット。すべて切りっぱなしで縫い代の始末も必要なし。裾の切替えがアクセントです。

インナー／ <u>3 長袖のTシャツ</u> — p.5

29
切りっぱなしの
ジャケット
how to make — p.69

これも圧縮ニットで作った、p.26と同型のジャケット。モノトーンで作るといろいろな服と相性がいい。

30
続き衿の
ロングコート
how to make — p.70

はおるだけでカッコよく決まるロングコート。一見凝っている衿は前身頃から続いた形なので作るのは簡単です。

インナー／1 5分袖のTシャツ — p.4

31
続き衿の
ロングコート
how to make — p.70

p.28のロングコートをウールで作りました。同型のリネンのコートに重ねて着たらおしゃれでしょう？
インナー／3 長袖のTシャツ — p.5

32
キルティングの
ジャケット
how to make — p.72

軽くて暖かいのがキルティングのいいところ。Aラインで短めの着丈なのでワイドなボトムスがよく合います。

33
キルティングの
ショートコート
how to make — p.74

こちらもキルティングで作ったショートコート。太ももまでの長さがあるので、腰回りは暖かさ抜群。

ボトムス／27 ワイドパンツ — p.25

作りはじめる前に

この本では、リネンをたくさん使用しました。無地だったりチェックだったり。
そのほかは、綿ストライプ、リバティプリント、ウール、キルティングなどで作りました。

サイズについて

・この本の作品は、M、L、2L、3Lまでの4サイズが作れます。
　着る人のサイズに合ったパターンを下記の参考寸法表と、各作品
　に出来上り寸法を表記したので、参照して選んでください。
・着丈などは、着る人に合わせたり、好みなどで調節してください。

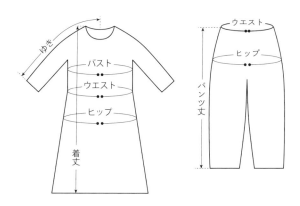

裁合せについて

・布の裁合せはサイズによって配置が異なる場合があります。
　まず、すべてのパターンを配置して確認してから布を裁断してく
　ださい。
・付録の実物大パターンには縫い代がついていません。「裁合せ図」
　を見て縫い代をつけてください。

[参考寸法表]　　　　　　　　　　　　　　　　　　　　　　　単位は cm

	M （9〜11号）	L （11〜13号）	2L （13〜15号）	3L （15〜17号）
バスト	88	94	100	106
ウエスト	72	78	84	90
ヒップ	96	102	108	114
身長	160	160	160	160

＊モデルの身長は167cm、164cm

材料について

ゴムテープの長さは各サイズともおおよその長さを表記したので、
試着してから長さを決めてください。

1, 13
5分袖のTシャツ
photo — **p.4,13**

〈**実物大パターン**〉 前、後ろ…**A面**、ポケット、
前衿ぐり表見返し、後ろ衿ぐり表見返し…**C面**

*文中、図中の4つ並んだ数字は、
　サイズM、L、2L、3L。1つは共通

裁合せ図

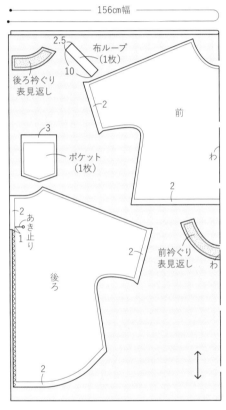

*指定以外の縫い代は1cm
*▨ は接着芯
*〰 はジグザグミシンをかけておく

出来上り寸法
バスト…117、123、129、135cm
ゆき…50、51.5、53、54.5cm
着丈（前）…56cm

材料
布 [1,13ともリネン] …156cm幅130、130、140、140cm
ボタン…直径1.3cmを1個
接着芯…60×20cm

作り方

1 ポケットを作り、つける（図参照）

2 後ろ中心を縫い、あきを三つ折りにして縫う
　（図参照）

3 裾を三つ折りにして縫う（図参照）

4 肩を縫い、縫い代は2枚一緒に
　ジグザグミシンをかけて後ろ側に倒す

5 布ループを作り（p.77参照）、つける（図参照）

6 衿ぐりを表見返しで始末する（図参照）

7 袖下から脇を縫う（図参照）

8 袖口を三つ折りにして縫う

9 ボタンをつける（p.53参照）

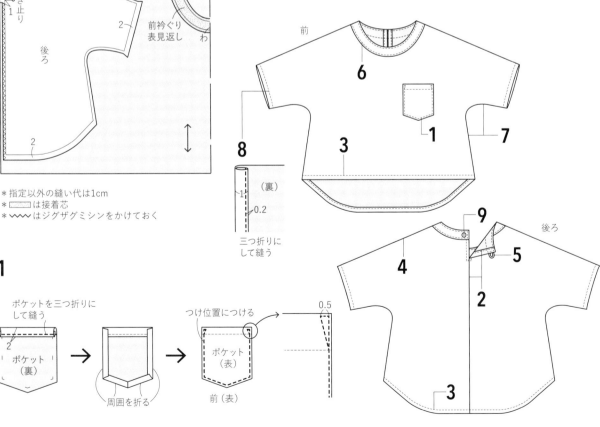

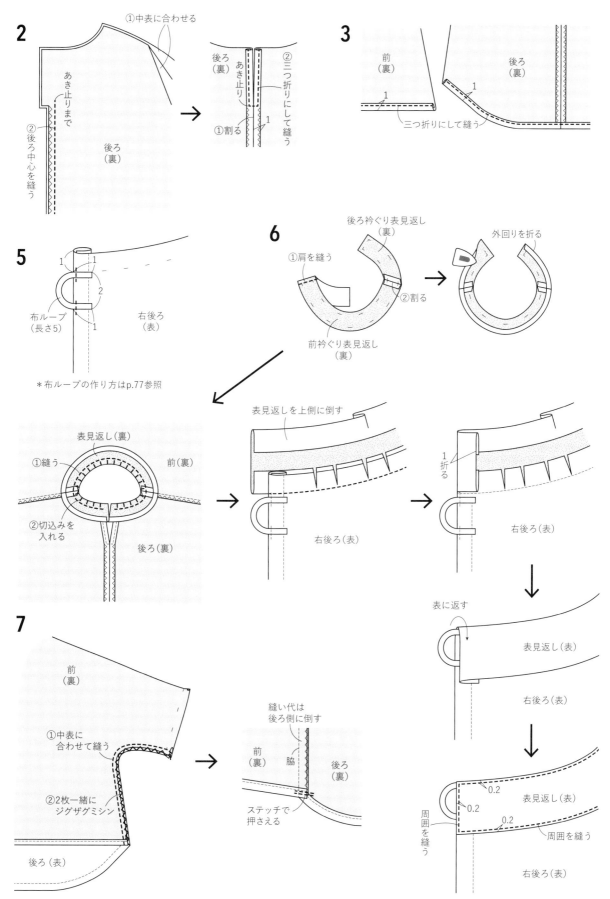

2

①中表に合わせる

あき止りまで

②後ろ中心を縫う

後ろ（裏）

後ろ（裏）
あき止り
①割る
あき止り
②三つ折りにして縫う
1

3

前（裏）

後ろ（裏）

1

1

三つ折りにして縫う

5

1　1

2

1

布ループ（長さ5）

右後ろ（表）

＊布ループの作り方はp.77参照

6

後ろ衿ぐり表見返し（裏）

①肩を縫う

②割る

前衿ぐり表見返し（裏）

外回りを折る

表見返し（裏）

①縫う

前（裏）

②切込みを入れる

後ろ（裏）

表見返しを上側に倒す

右後ろ（表）

1折る

右後ろ（表）

表に返す

表見返し（表）

右後ろ（表）

0.2

0.2

0.2

表見返し（表）

周囲を縫う

周囲を縫う

右後ろ（表）

7

前（裏）

①中表に合わせて縫う

②2枚一緒にジグザグミシン

後ろ（表）

縫い代は後ろ側に倒す

前（裏）

脇

後ろ（裏）

ステッチで押さえる

2

バルーンスカート

photo — **p.4**

〈実物大パターン〉（袋布のみ）**C面**

＊文中、図中の4つ並んだ数字は、
　サイズ M、L、2L、3L。1つは共通

出来上り寸法
ヒップ…120、124、128、132cm
スカート丈…72cm

材料
布［表布／リネン］…122cm幅210cm
布［裏布］…92cm幅140cm
ゴムテープ…2.5cm幅70、80、80、90cm

作り方

1 表スカートの脇を縫い、脇ポケットを作る
　（p.49参照）

2 表スカートのウエストと裾にギャザーを寄せる
　（図参照）

3 裏スカートの脇を縫い、縫い代は後ろ側に倒す
　（図参照）

4 表スカートと裏スカートを合わせて裾側を縫う
　（図参照）

5 ウエストベルトをつけてゴムテープを通す
　（図参照）

裁合せ図

〈表布〉

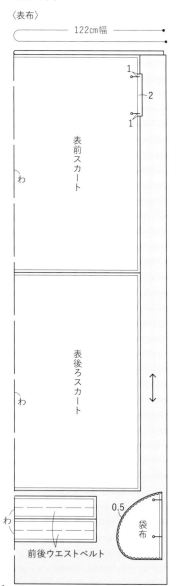

〈裏布〉

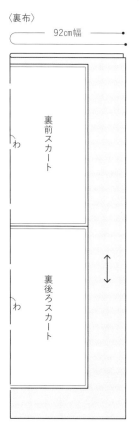

製図

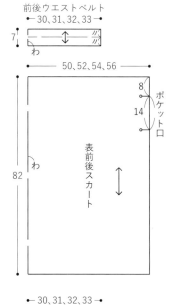

＊指定以外の縫い代は1cm
＊〜〜〜はジグザグミシンをかけておく

作り方

1 表側 **5**
2

表スカート

2

裏側

裏スカート

3

4

2
120、124、128、132に
縮める

表後ろスカート
（裏）

表前スカート
（表）

0.3
0.8

大きな針目で
ギャザーミシンを
2本かける

120、124、128、132に
縮める

3, 4

③表裏スカートを
中表に合わせ、
裾側を縫う

1

②中心を合わせる

①脇を縫い、縫い代は後ろ側に倒す

裏スカート
（裏）

表スカート（表）

②ウエスト側の端を
そろえて仮どめ

0.8

①裏スカートを表に返す

裏スカート
（表）

表スカート（表）

表スカート

裏スカート

5

2枚を中表に合わせ、脇を縫う

右脇
ウエストベルト（裏）
4.5
左脇は縫い残す

突き合わせる

ウエストベルト
（裏）

1
縫う

左脇

1折る

裏スカート
（表）

表に返して縫う

0.2

表スカート
（表）

裏スカート

2
端は重ねて縫う

ゴムテープを
通す

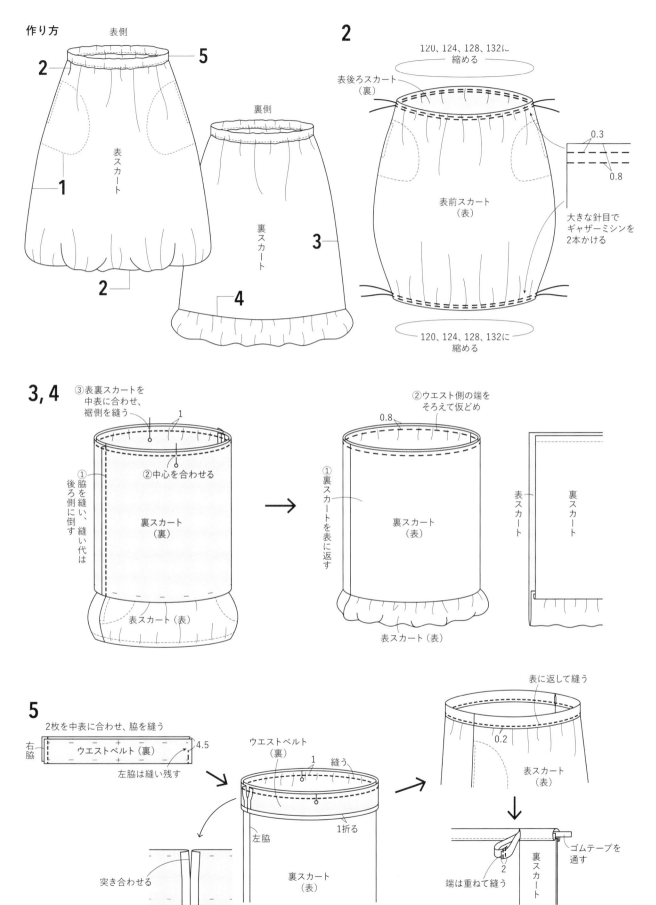

3

長袖のTシャツ

photo — **p.5**

〈実物大パターン〉 前、後ろ…**A面**、ポケット、
前衿ぐり表見返し、後ろ衿ぐり表見返し…**C面**

＊文中、図中の4つ並んだ数字は、
　サイズ M、L、2L、3L。1つは共通

出来上り寸法
バスト…117、123、129、135cm
ゆき…70、71.5、73、74cm
着丈（前）…56cm

材料
布［綿タイプライター］…135cm幅130、130、140、140cm
ボタン…直径1.3cmを1個
接着芯…60×20cm

作り方
1～9は p.34参照

裁合せ図

〈表布〉

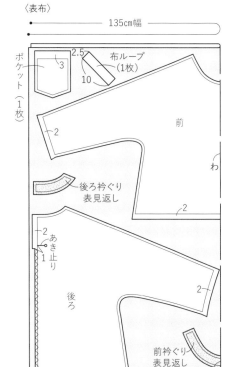

＊指定以外の縫い代は1cm
＊ ▨ は接着芯
＊ 〰〰 はジグザグミシンをかけておく

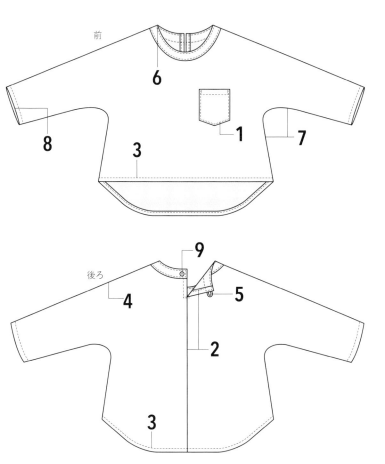

≫p.39の作り方

1

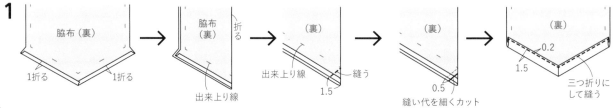

5, 7
アシンメトリースカート

photo — **p.6,7**

＊文中、図中の4つ並んだ数字は、
　サイズM、L、2L、3L。1つは共通

出来上り寸法

ヒップ…182、190、198、206cm
スカート丈…75cm

材料

布［5、7ともリネン］…125cm幅170cm
ゴムテープ…2.5cm幅70、80、80、90cm

作り方

1 脇布の裾を縫う（p.38参照）

2 ポケットを脇布につける

3 脇布と前後スカートを縫い合わせ、
　縫い代は2枚一緒にジグザグミシンを
　かけて前後スカート側に倒す（図参照）

4 ゴムテープ通し口を残して、
　前後スカートの右脇を縫う（p.43参照）

5 ウエストを三つ折りにして縫い、
　ゴムテープを通す（p.43参照）

6 裾を三つ折りにして縫う

製図

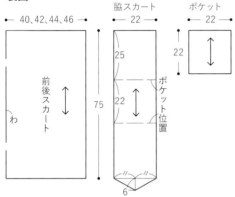

裁合せ図

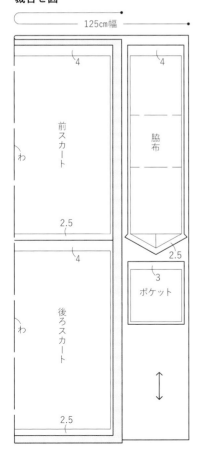

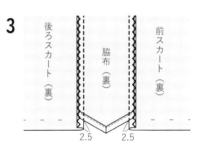

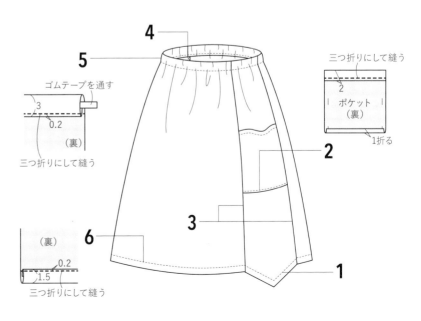

4, 6

チャイニーズ風ブラウス

photo — **p.6,7**

〈実物大パターン〉 前、後ろ…**A面**、
衿、袖、左前見返し…**C面**

＊文中、図中の4つ並んだ数字は、
　サイズM、L、2L、3L。1つは共通

出来上り寸法

バスト…117、123、129、135cm
ゆき…71、72.5、74、75.5cm
着丈…57cm

材料

布［4，6ともリネン］…140cm幅または152cm幅180cm
接着芯…30×60cm
スナップ…直径0.8cmを1組み

作り方

1 左前端を見返しで始末する（図参照）

2 右前端を三つ折りにして縫う（図参照）

3 肩を縫い、縫い代は2枚一緒に
　　 ジグザグミシンをかけて後ろ側に倒す

4 衿を作り、つける（p.45参照）

5 袖をつける（p.47参照）

6 スリットを残して袖下から脇を続けて縫う
　　 （p.47参照）

7 スリットを縫う（p.47参照）

8 裾を三つ折りにして縫う

9 袖口を三つ折りにして縫う

10 バイアス布でループと結びを作り、つける
　　　（図参照）

11 スナップをつける

裁合せ図

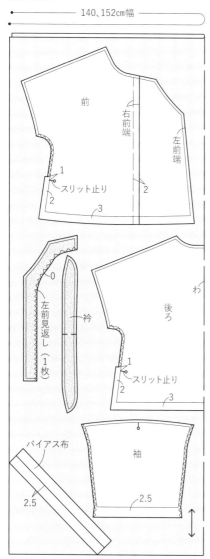

＊指定以外の縫い代は1cm
＊ ▨ は接着芯
＊ 〜〜〜 はジグザグミシンをかけておく

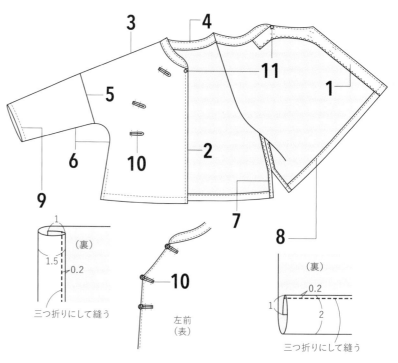

40

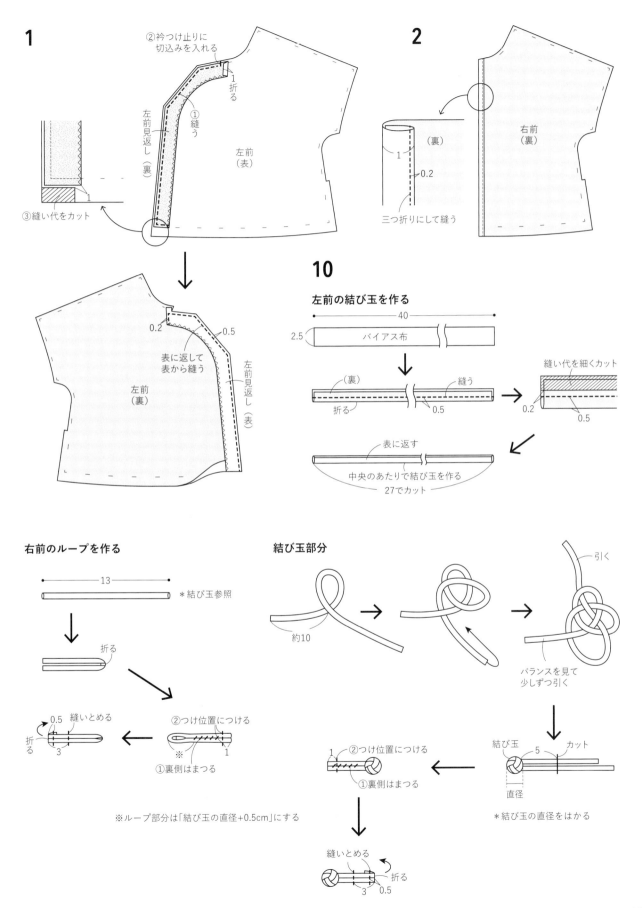

1

②衿つけ止りに切込みを入れる

折る

①縫う

左前見返し（裏）

左前（表）

左前見返し

③縫い代をカット

1

0.2

左前（裏）

0.5

表に返して表から縫う

左前見返し（表）

2

右前（裏）

1

0.2

三つ折りにして縫う

10

左前の結び玉を作る

40

2.5 バイアス布

（裏）

折る

縫う

0.5

縫い代を細くカット

0.2

0.5

表に返す

中央のあたりで結び玉を作る

27でカット

右前のループを作る

13

＊結び玉参照

折る

0.5

縫いとめる

折る

3

②つけ位置につける

＊

①裏側はまつる

1

※ループ部分は「結び玉の直径+0.5cm」にする

結び玉部分

約10

引く

バランスを見て少しずつ引く

結び玉

5

カット

直径

＊結び玉の直径をはかる

1

②つけ位置につける

①裏側はまつる

縫いとめる

折る

3

0.5

8

ギャザーブラウス

photo — **p.8**

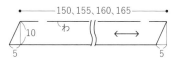

〈実物大パターン〉 前、後ろ…B面、
袖…D面

*文中、図中の4つ並んだ数字は、
　サイズ M、L、2L、3L。1つは共通

ストールの製図

150、155、160、165
10　わ　←→
5　　　5

裁合せ図

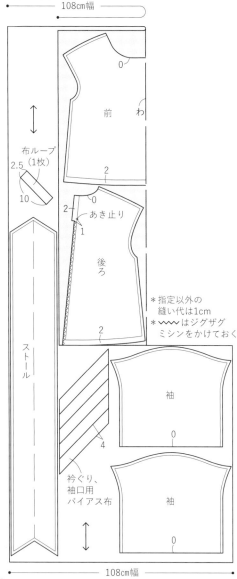

108cm幅

布ループ
2.5（1枚）
10

0
前　わ
2

0
2
あき止り
1
後ろ
2

*指定以外の
　縫い代は1cm
* ∿∿ はジグザグ
　ミシンをかけておく

ストール

4
袖
0

衿ぐり、
袖口用
バイアス布

袖
0

108cm幅

出来上り寸法

バスト…137、143、149、155cm

ゆき…77、78、79.5、80.5cm

着丈…71.5、71.5、72、72cm

材料

布[リネン（フロッキープリント）]…108cm幅250、250、260、260cm

ボタン…直径1.3cmを1個

作り方

1 前衿ぐりにギャザーを寄せる（図参照）

2 後ろ中心を縫い、あきを三つ折りにして縫う（p.35参照）

3 肩を縫い、縫い代は2枚一緒に
　 ジグザグミシンをかけて後ろ側に倒す

4 布ループを作る（p.77参照）

5 右後ろ端に布ループをはさみ、衿ぐりを
　 バイアス布でくるむ（p.77参照）

6 袖山にギャザーを寄せて身頃につける（p.55参照）

7 袖下から脇を続けて縫い、縫い代は2枚一緒に
　 ジグザグミシンをかけて後ろ側に倒す（p.72参照）

8 袖口にギャザーを寄せてバイアス布でくるむ（p.62,63参照）

9 裾を三つ折りにして縫う

10 ボタンをつける（p.53参照）

11 ストールを縫う（p.47参照）

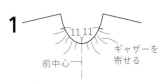

1
11 11
前中心
ギャザーを
寄せる

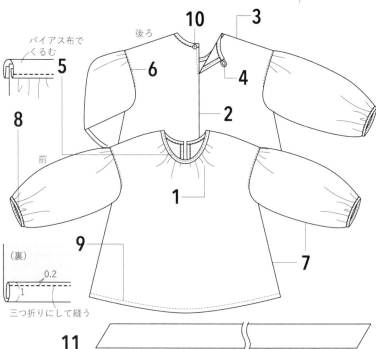

バイアス布で
くるむ
5

10
後ろ
3
6
4
2

前
1

（裏）
0.2
1
三つ折りにして縫う
8
9
7

11

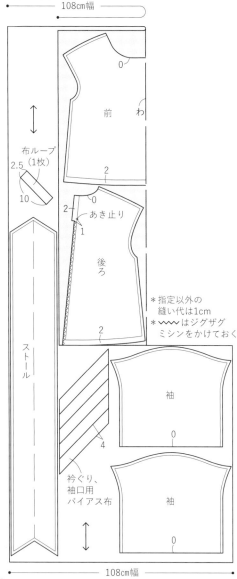

11
ギャザースカート

photo — **p.10**

*文中、図中の4つ並んだ数字は、
　サイズ M、L、2L、3L。1つは共通

出来上り寸法
ヒップ…152、160、168、176cm
スカート丈…75cm

材料
布［リバティプリント］…110cm幅170cm
ゴムテープ…2.5cm幅70、80、80、90cm

作り方

1 タックをたたむ（図参照）

2 右脇を縫い、縫い代は2枚一緒に
　ジグザグミシンをかけて後ろ側に倒す

3 ゴムテープ通し口を残して左脇を縫い、
　縫い代は2枚一緒にジグザグミシンをかけて
　後ろ側に倒す（図参照）

4 ウエストを三つ折りにして縫い、
　ゴムテープを通す（図参照）

5 裾を三つ折りにして縫う

製図

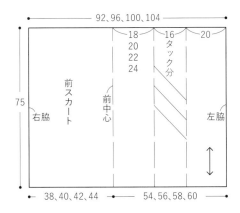

前スカート
右脇　前中心　左脇
92、96、100、104
75
18 20 22 24
16 タック分
20
38、40、42、44
54、56、58、60

38、40、42、44
後ろスカート
後ろ中心わ
75

裁合せ図

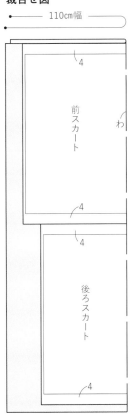

110cm幅
前スカート
わ
後ろスカート
4

*指定以外の縫い代は1cm

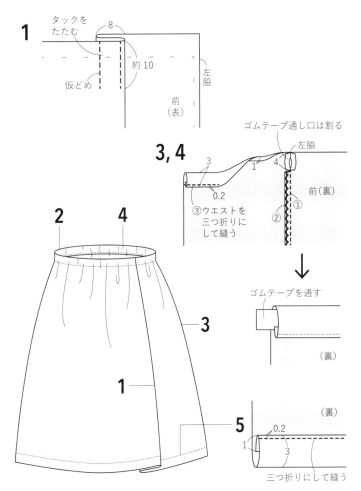

1
タックをたたむ
8
約10
仮どめ
左脇
前（表）

3, 4
ゴムテープ通し口は割る
左脇
3
1
4
0.2
③ウエストを三つ折りにして縫う
前（裏）
①
②

ゴムテープを通す
（裏）

2
4
3
1

5
（裏）
0.2
1
3
三つ折りにして縫う

9

バンドカラーのシャツ

photo — **p.9**

〈実物大パターン〉 前、後ろ、後ろヨーク…**B面**、
衿…**C面**、袖、前あき見返し…**D面**

＊文中、図中の4つ並んだ数字は、
　サイズ M、L、2L、3L。1つは共通

出来上り寸法

バスト…124、130、136、142cm
ゆき…77、78、79.5、80.5cm
着丈（前）…69、69、69.5、69.5cm

材料

布［リネン］…154cm幅180cm
接着芯…10×70cm
ボタン…直径1.3cmを1個
ゴムテープ…2cm幅60cm

裁合せ図

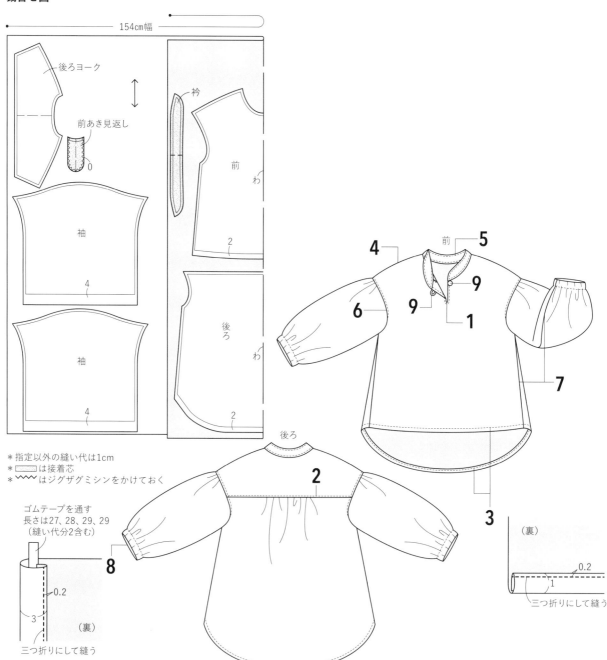

＊指定以外の縫い代は1cm
＊▭ は接着芯
＊〰〰〰 はジグザグミシンをかけておく

ゴムテープを通す
長さは27、28、29、29
（縫い代分2含む）

0.2

3

（裏）

三つ折りにして縫う

（裏）

0.2

1

三つ折りにして縫う

作り方

1 前あきを見返しで始末する（図参照）

2 後ろ身頃にギャザーを寄せて後ろヨークと
縫い合わせる（図参照）

3 裾を三つ折りにして縫う

4 肩を縫い、縫い代は2枚一緒に
ジグザグミシンをかけて後ろ側に倒す

5 衿を作り、つける（図参照）

6 袖山にギャザーを寄せて身頃につける
（p.55参照）

7 ゴムテープ通し口を残して袖下から脇を続けて
縫い、縫い代は2枚一緒にジグザグミシンを
かけて後ろ側に倒す
（p.72参照）

8 袖口を三つ折りにして縫い、ゴムテープを通す
（p.55参照）

9 糸ループを作り（p.77参照）、ボタンをつける
（p.53参照）

2

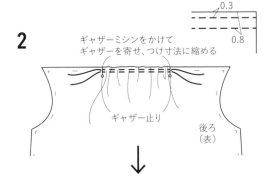

1

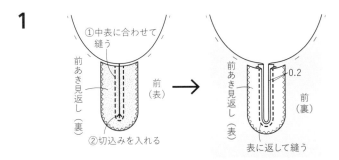

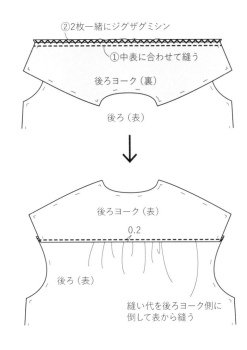

5

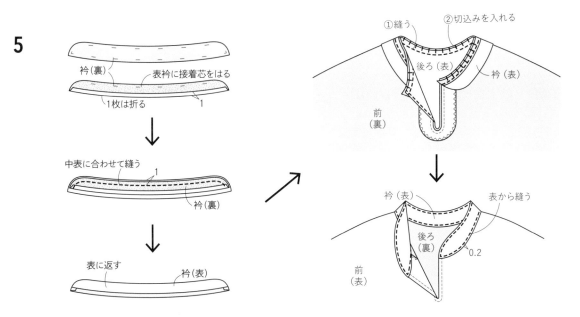

10
Vネックのブラウス
photo — p.10

〈実物大パターン〉 前、後ろ…A面、
袖、前衿ぐり見返し、後ろ衿ぐり見返し…C面

＊文中、図中の4つ並んだ数字は、
　サイズ M、L、2L、3L。1つは共通

裁合せ図

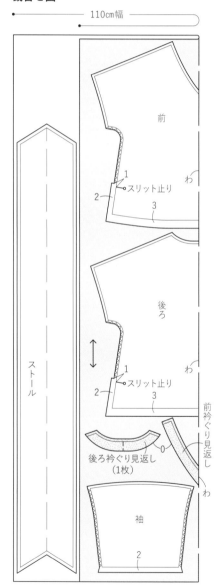

＊指定以外の縫い代は1cm
＊▨▨▨は接着芯
＊〰〰〰はジグザグミシンをかけておく

出来上り寸法

バスト…117、123、129、135cm
ゆき…71、72.5、74、75.5cm
着丈…61cm

材料

布［リバティプリント］…110cm幅200cm
接着芯…40 × 40cm

作り方

1 肩を縫い、縫い代は2枚一緒に
　　ジグザグミシンをかけて後ろ側に倒す

2 衿ぐりを見返しで始末する（図参照）

3 袖をつける（図参照）

4 袖下から脇を続けて縫う（図参照）

5 スリットを縫う（図参照）

6 裾を三つ折りにして縫う

7 袖口を三つ折りにして縫う

8 ストールを作る（図参照）

ストールの製図

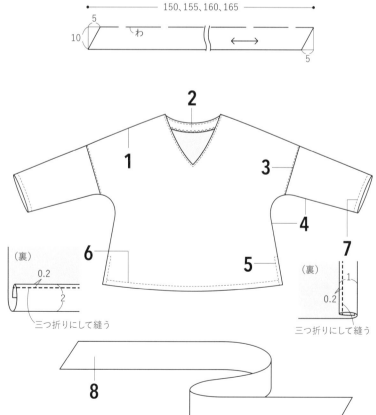

2

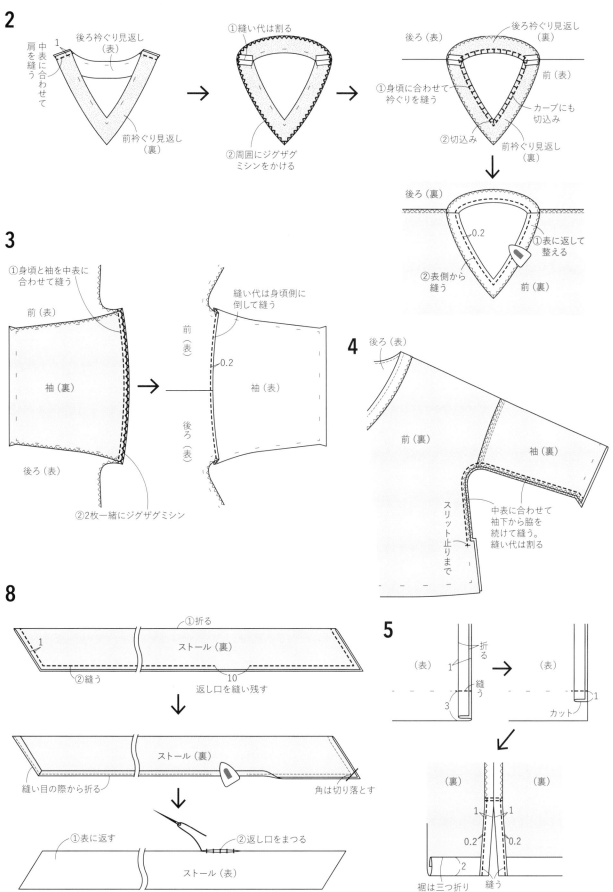

後ろ衿ぐり見返し（表）
1
中表に合わせて
肩を縫う
前衿ぐり見返し（裏）

①縫い代は割る
②周囲にジグザグミシンをかける

後ろ（表）
後ろ衿ぐり見返し（裏）
①身頃に合わせて衿ぐりを縫う
前（表）
カーブにも切込み
②切込み
前衿ぐり見返し（裏）

後ろ（裏）
0.2
①表に返して整える
②表側から縫う
前（裏）

3

①身頃と袖を中表に合わせて縫う
前（表）
袖（裏）
後ろ（表）
②2枚一緒にジグザグミシン

縫い代は身頃側に倒して縫う
前（表）
0.2
後ろ（表）
袖（表）

4

後ろ（表）
前（裏）
袖（裏）
スリット止りまで
中表に合わせて袖下から脇を続けて縫う。縫い代は割る

8

①折る
1
ストール（裏）
②縫う
10
返し口を縫い残す

ストール（裏）
縫い目の際から折る
角は切り落とす

①表に返す
②返し口をまつる
ストール（表）

5

（表）
折る
1
縫う
3
（表）
カット
1

（裏）
（裏）
1　1
0.2　0.2
2
裾は三つ折り
縫う

12, 14, 27
ワイドパンツ
photo — **p.12,13,25**

〈実物大パターン〉 **C面**

＊文中、図中の4つ並んだ数字は、
　サイズ M、L、2L、3L。1つは共通

裁合せ図

←──── 112、125、156cm幅 ────→

袋布

0.5

4.5

後ろ

わ

3

4.5

1

2 ─ ポケット口

1

前

3

＊指定以外の縫い代は1cm

出来上り寸法

ヒップ…108、114、120、126cm

パンツ丈…95、96、97、98cm

材料

布 [12 はリネン、14 はリネン、27 は綿ツイル]
　…112cm幅または125cm幅または156cm幅230cm

ゴムテープ…2.5cm幅70、80、80、90cm

作り方

1 ポケット口を残して脇を縫い、袋布をつける
　（図参照）

2 股上を縫う（図参照）

3 股下を縫う（p.50参照）

4 ウエストを三つ折りにして縫い、ゴムテープを
　通す（p.50参照）

5 裾を三つ折りにして縫う（p.50参照）

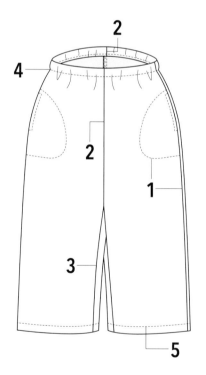

1

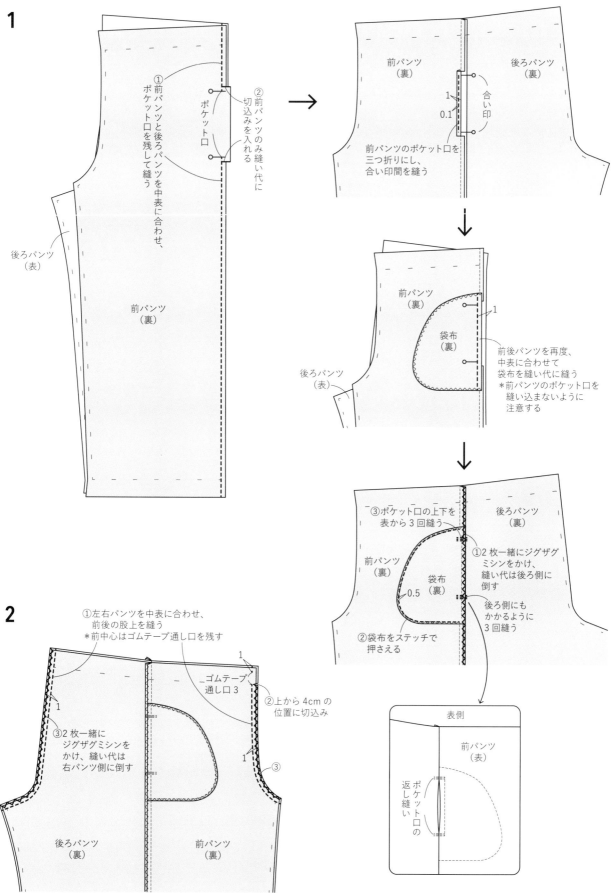

①前パンツと後ろパンツを中表に合わせ、ポケット口を残して縫う

②前パンツのみ縫い代に切込みを入れる

ポケット口

前パンツ（裏）

後ろパンツ（表）

→

前パンツ（裏）　　後ろパンツ（裏）

1
0.1
合い印

前パンツのポケット口を三つ折りにし、合い印間を縫う

↓

前パンツ（裏）

袋布（裏）

後ろパンツ（表）

1

前後パンツを再度、中表に合わせて袋布を縫い代に縫う
＊前パンツのポケット口を縫い込まないように注意する

↓

③ポケット口の上下を表から3回縫う

後ろパンツ（裏）

前パンツ（裏）

袋布（裏）

0.5

①2枚一緒にジグザグミシンをかけ、縫い代は後ろ側に倒す

後ろ側にもかかるように3回縫う

②袋布をステッチで押さえる

↓

表側

前パンツ（表）

ポケット口の返し縫い

2

①左右パンツを中表に合わせ、前後の股上を縫う
＊前中心はゴムテープ通し口を残す

1

ゴムテープ通し口3

②上から4cmの位置に切込み

1

1

③2枚一緒にジグザグミシンをかけ、縫い代は右パンツ側に倒す

③

後ろパンツ（裏）　　前パンツ（裏）

3

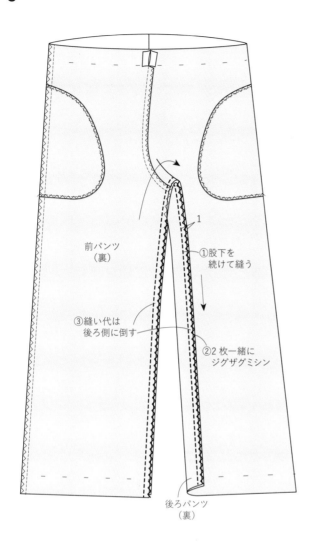

前パンツ
（裏）

①股下を
続けて縫う

1

③縫い代は
後ろ側に倒す

②2枚一緒に
ジグザグミシン

後ろパンツ
（裏）

4

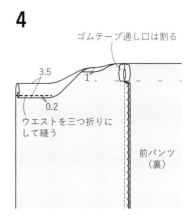

ゴムテープ通し口は割る

3.5

1

0.2

前パンツ
（裏）

ウエストを三つ折りに
して縫う

ゴムテープ通し口

前パンツ
（裏）

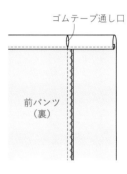

先に安全ピンを
つけて通す

ゴムテープ

前パンツ
（裏）

片側の端は縫い代に
とめておく

5

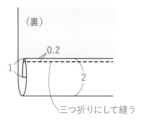

（裏）

0.2

1

2

三つ折りにして縫う

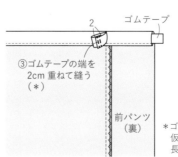

2

ゴムテープ

③ゴムテープの端を
2cm重ねて縫う
（＊）

前パンツ
（裏）

＊ゴムテープは安全ピンで端と端を
仮どめし、試着して調節する。
長さが決まったら縫いとめる

18
Vネックのチュニック
photo — **p.18**

〈実物大パターン〉 前、後ろ…**A面**、
前衿ぐり見返し、後ろ衿ぐり見返し、袋布…**C面**

＊文中、図中の4つ並んだ数字は、
　サイズ M、L、2L、3L。1つは共通

裁合せ図

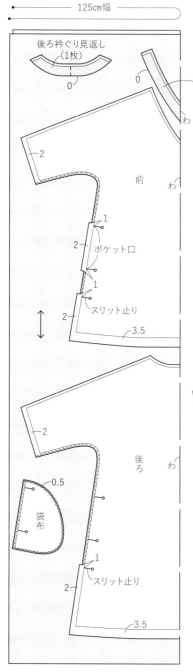

出来上り寸法
バスト…117、123、129、135cm
ゆき…60、61、62、63.5cm
着丈（前）…87、87、88、88cm

材料
布［リネン］…125cm幅220cm
接着芯…40×40cm

作り方
1 肩を縫い、縫い代は2枚一緒に
　　ジグザグミシンをかけて後ろ側に倒す

2 衿ぐりを見返しで始末する（p.47参照）

3 ポケット口を残して袖下から脇を続けて縫う
　　（p.47参照）

4 袋布をつける（p.49参照）

5 スリットを縫う（p.47参照）

6 裾を三つ折りにして縫う

7 袖口を三つ折りにして縫う

＊指定以外の縫い代は1cm
＊▨▨▨は接着芯
＊〰〰〰はジグザグミシンをかけておく

15

ロールカラーのワンピース

photo — p.14

〈**実物大パターン**〉 前、後ろ、前スカート、後ろ
スカート…**A面**、衿、袋布…**C面**

*文中、図中の4つ並んだ数字は、
　サイズM、L、2L、3L。1つは共通

裁合せ図

出来上り寸法

バスト…117、123、129、135cm

ゆき…60、61、62、63.5cm

着丈…115、115、116、116cm

材料

布［リネン］…140cm幅290、290、300、300cm

ボタン…直径1.3cmを1個

接着芯…60×60cm

作り方

1 後ろ中心を縫い、あきを三つ折りにして縫う
　　（図参照）

2 肩を縫い、縫い代は2枚一緒に
　　ジグザグミシンをかけて後ろ側に倒す

3 身頃とスカートを縫い合わせる（図参照）

4 衿を作り、つける（図参照）

5 ポケット口を残して袖下から脇を縫う
　　（p.35, 49参照）

6 袋布をつける（p.49参照）

7 袖口を三つ折りにして縫う

8 裾を三つ折りにして縫う

9 ボタンホールを作り、
　　ボタンをつける（図参照）

140cm幅

前 わ

2

あき止り

1 2 後ろ

衿（1枚）

1 2 1 ポケット口

袋布 0.5

前スカート わ

3.5

後ろスカート わ

3.5

* 指定以外の縫い代は1cm
* ▨ は接着芯
* 〜〜〜 はジグザグミシンを
　かけておく

9 後ろ

2

1

前 4

7 三つ折りにして縫う

1 0.2 （裏）

3 5 3

6

8 三つ折りにして縫う

（裏）

0.2

1

2.5

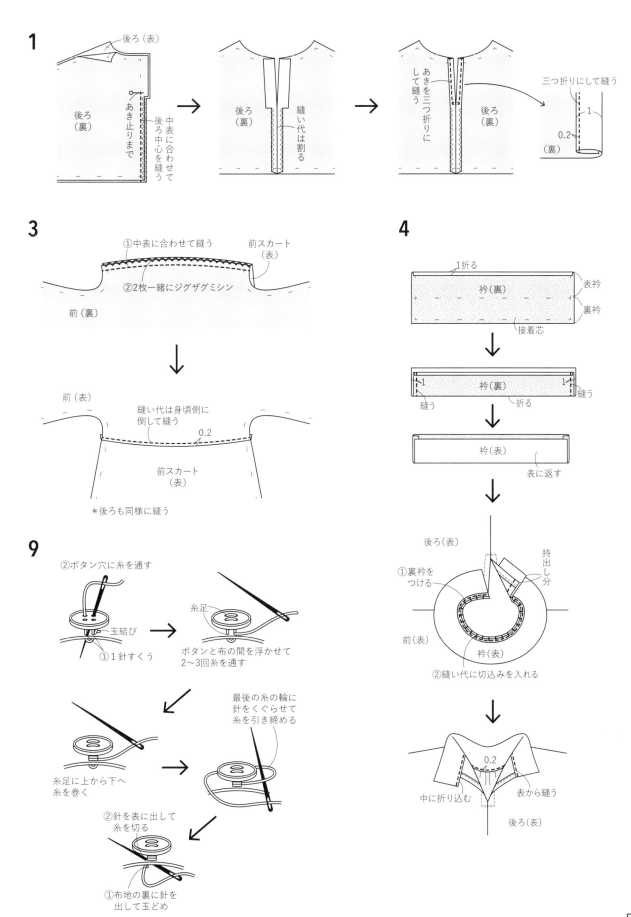

1

後ろ（表）

後ろ（裏）

あき止りまで

中表に合わせて後ろ中心を縫う

あき

縫い代は割る

後ろ（裏）

あきを三つ折りにして縫う

後ろ（裏）

三つ折りにして縫う

1

0.2

（裏）

3

①中表に合わせて縫う

前スカート（表）

②2枚一緒にジグザグミシン

前（裏）

前（表）

縫い代は身頃側に倒して縫う

0.2

前スカート（表）

＊後ろも同様に縫う

4

1折る

衿（裏）

表衿

裏衿

接着芯

1

衿（裏）

縫う

縫う

折る

衿（表）

表に返す

後ろ（表）

持出し分

①裏衿をつける

前（表）

衿（表）

②縫い代に切込みを入れる

中に折り込む

0.2

表から縫う

後ろ（表）

9

②ボタン穴に糸を通す

玉結び

①1針すくう

糸足

ボタンと布の間を浮かせて2〜3回糸を通す

糸足に上から下へ糸を巻く

最後の糸の輪に針をくぐらせて糸を引き締める

②針を表に出して糸を切る

①布地の裏に針を出して玉どめ

16

ボーカラーのワンピース

photo — p.15

〈実物大パターン〉 前、後ろ、後ろスカート…**B**面、
袋布…**C**面、衿、袖、前あき見返し…**D**面

＊文中、図中の4つ並んだ数字は、
　サイズ M、L、2L、3L。1つは共通

裁合せ図

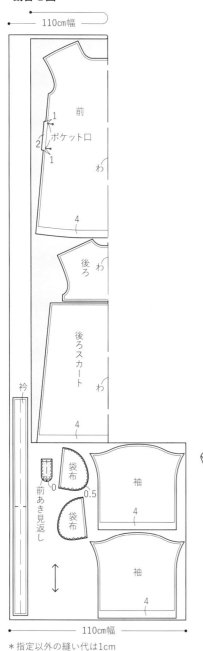

＊指定以外の縫い代は1cm
＊▨は接着芯
＊〰〰はジグザグミシンをかけておく

出来上り寸法
バスト…140、146、152、158cm
ゆき…77、78、79.5、80.5cm
着丈…114、114、114.5、114.5cm

材料
布［リバティプリント］…110cm幅350、350、360、360cm
ゴムテープ…2cm幅60、60、70、70cm
接着芯…10×20cm

作り方

1 前あきを見返しで始末する（p.45参照）

2 前衿ぐりにギャザーを寄せる（p.57参照）

3 後ろ身頃と後ろスカートを縫い合わせる
　　（p.45参照）

4 肩を縫い、縫い代は2枚一緒に
　　ジグザグミシンをかけて後ろ側に倒す

5 衿を作り、つける（図参照）

6 袖をつける（図参照）

7 ゴムテープ通し口とポケット口を残して
　　袖下から脇を縫う（p.72参照）

8 袋布をつける（p.49参照）

9 袖口を三つ折りにして縫い、ゴムテープを通す
　　（図参照）

10 裾を三つ折りに
　　　して縫う

5

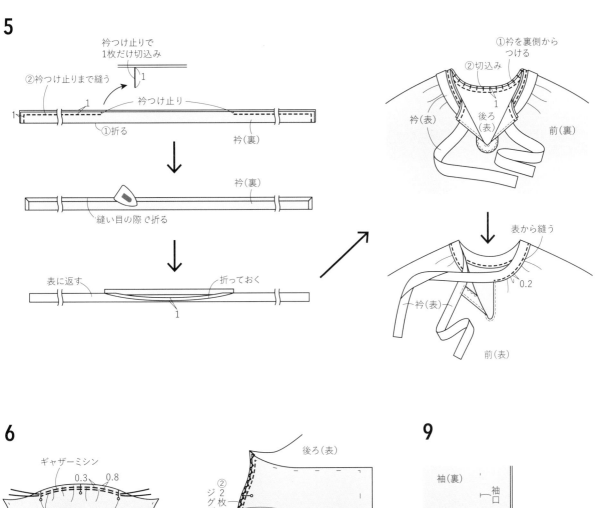

衿つけ止りで
1枚だけ切込み

②衿つけ止りまで縫う

①折る

衿つけ止り

衿(裏)

縫い目の際で折る

衿(裏)

表に返す

折っておく

①衿を裏側からつける

②切込み

衿(表)

後ろ(表)

前(裏)

表から縫う

衿(表)

0.2

前(表)

6

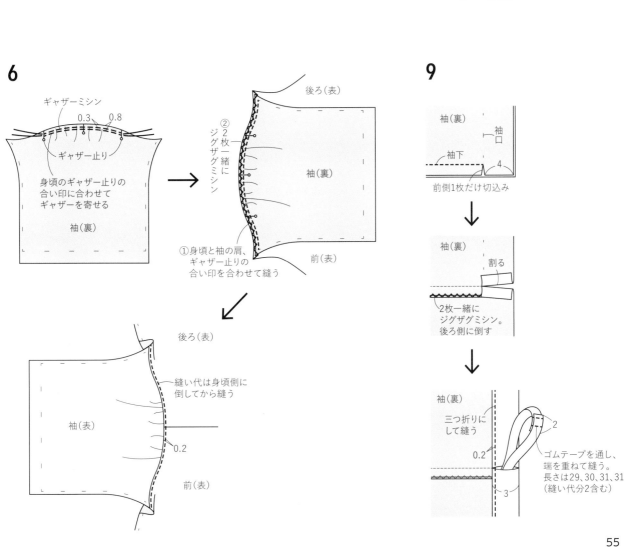

ギャザーミシン

0.3　0.8

ギャザー止り

身頃のギャザー止りの
合い印に合わせて
ギャザーを寄せる

袖(裏)

②2枚一緒にジグザグミシン

後ろ(表)

袖(裏)

前(表)

①身頃と袖の肩、
ギャザー止りの
合い印を合わせて縫う

後ろ(表)

縫い代は身頃側に
倒してから縫う

袖(表)

0.2

前(表)

9

袖(裏)

袖口

袖下

4

前側1枚だけ切込み

袖(裏)

割る

2枚一緒に
ジグザグミシン。
後ろ側に倒す

袖(裏)

三つ折りに
して縫う

0.2

2

3

ゴムテープを通し、
端を重ねて縫う。
長さは29、30、31、31
(縫い代分2含む)

17

バンドカラーのチュニック

photo — **p.17**

〈実物大パターン〉 前、後ろ、後ろヨーク…B面、
衿…C面、袖…D面

＊文中、図中の4つ並んだ数字は、
　サイズ M、L、2L、3L。1つは共通

裁合せ図

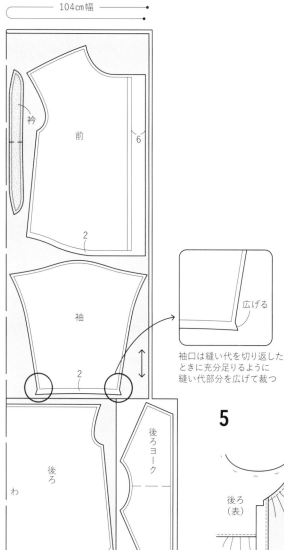

袖口は縫い代を切り返した
ときに充分足りるように
縫い代部分を広げて裁つ

＊指定以外の縫い代は1cm
＊▭▭▭は接着芯

出来上り寸法

バスト…137、143、149、155cm
ゆき…77、78、79.5、80.5cm
着丈（前）…73.5、73.5、74、74cm

材料

布［リネン（フロッキープリント）］
　…104cm幅210、210、220、220cm
ボタン…直径1.3cmを5個
接着芯…10×60cm

作り方

1 前端の上と裾を縫う（図参照）

2 前衿ぐりにギャザーを寄せる（図参照）

3 裾を三つ折りにして縫う（p.76参照）

4 後ろ身頃にギャザーを寄せて後ろヨークと
　縫い合わせる（p.45参照）

5 肩を縫い、縫い代は2枚一緒に
　ジグザグミシンをかけて後ろ側に倒す（図参照）

6 衿を作り、つける（p.45参照）

7 袖をつける（p.72参照）

8 袖下から脇を続けて縫う（p.72参照）

9 袖口を三つ折りにして縫う

10 ボタンホールを作り、ボタンをつける
　（p.53参照）

5

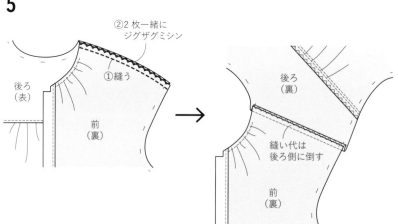

②2枚一緒に
ジグザグミシン

①縫う

後ろ
（表）

前
（裏）

後ろ
（裏）

縫い代は
後ろ側に倒す

前
（裏）

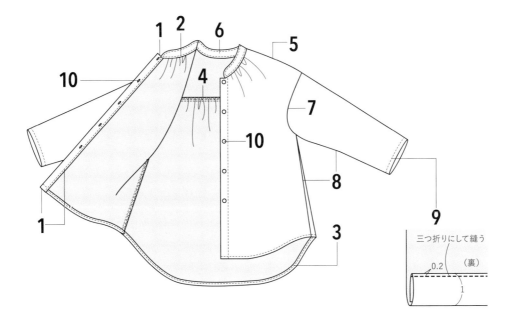

1 2 6 5

10 4

7

10

8

1

3

9

三つ折りにして縫う

0.2 （裏）

1

1

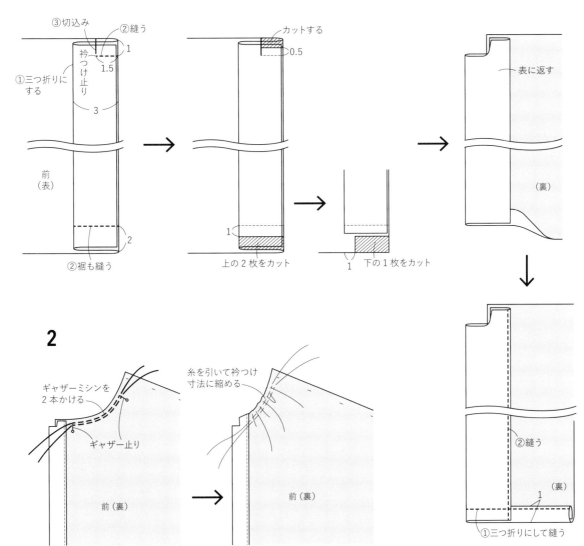

③切込み ②縫う

①三つ折りにする

衿つけ止り

1
1.5
3

前（表）

②裾も縫う 2

カットする

0.5

上の2枚をカット 1

1 下の1枚をカット

表に返す

（裏）

2

ギャザーミシンを2本かける

ギャザー止り

前（裏）

糸を引いて衿つけ寸法に縮める

前（裏）

②縫う

（裏）

1

①三つ折りにして縫う

20
バルーンパンツ
photo — p.19

〈実物大パターン〉 C面

＊文中、図中の4つ並んだ数字は、
　サイズ M、L、2L、3L。1つは共通

＊裁合せ図はp.48参照

出来上り寸法

ヒップ…108、114、120、126cm

パンツ丈…95、96、97、98cm

材料

布［綿麻混紡］…125cm幅230cm

ゴムテープ…2.5cm幅70、80、80、90cm（ウエスト分）

　　　　　　1cm幅90cm（裾分）

作り方

1、2、4 は p.48〜50参照

3 股下を縫う（図参照）

5 裾を三つ折りにして縫い、ゴムテープを通す
　　（図参照）

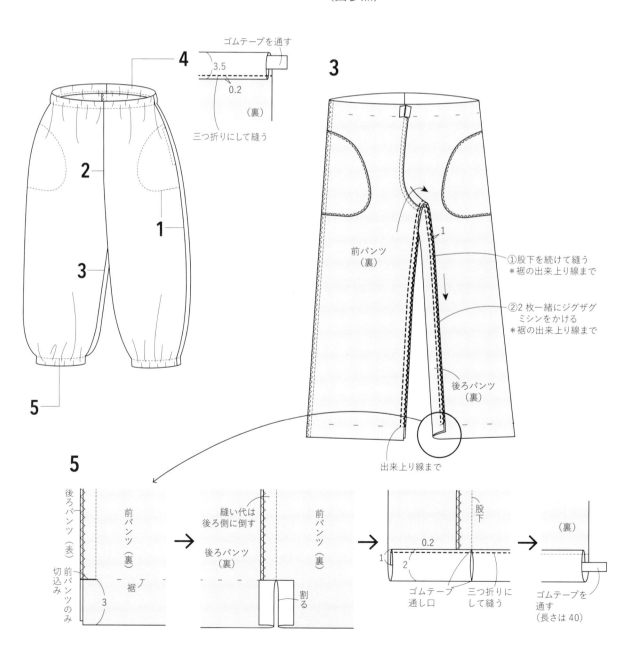

22
切りっぱなしのベスト
photo — **p.22**

〈実物大パターン〉 **B面**

＊文中、図中の4つ並んだ数字は、
　サイズ M、L、2L、3L。1つは共通

出来上り寸法
バスト…108、114、120、126cm
ゆき…31.5、32.5、33.5、34.5cm
着丈（前）…65、65、65.5、65.5cm

材料
布 [圧縮ウール] …154cm幅90cm

作り方

1 肩を縫い、縫い代は割る

2 スリットを残して脇を縫い、縫い代は割る

3 スリットを二つ折りにして縫う（図参照）

＊縫ってから洗濯すると布端が丸まって
　風合いが出る

裁合せ図

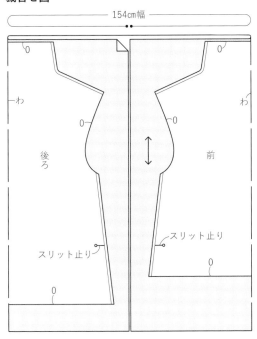

＊指定以外の縫い代は1cm

┌─ **ワンポイントアドバイス** ─┐
切りっぱなしにしない場合、
衿ぐり、袖ぐり、裾は、
二つ折りにしてジグザグミシンを
かけてください（p.65参照）。
└──────────────┘

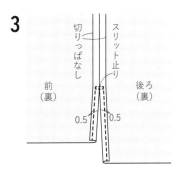

59

19

切替えギャザーのブラウス

photo — **p.19**

〈実物大パターン〉 前、後ろ、前ペプラム、
後ろペプラム…**A面**、衿、袖…**C面**

＊文中、図中の4つ並んだ数字は、
　サイズ M、L、2L、3L。1つは共通

裁合せ図

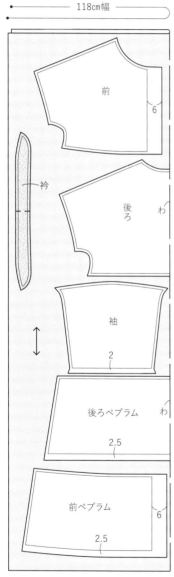

＊指定以外の縫い代は1cm
＊▨▨▨は接着芯

出来上り寸法
バスト…117、123、129、135cm
ゆき…71、72.5、74、75.5cm
着丈…65cm

材料
布［綿ストライプ］…118cm幅190、190、190、230cm
ボタン…直径1.3cmを6個
接着芯…20×60cm

作り方

1 肩を縫い、縫い代は2枚一緒に
　　ジグザグミシンをかけて後ろ側に倒す

2 袖をつける（p.47参照）

3 袖下から脇を続けて縫う（p.47参照）

4 袖口を三つ折りにして縫う

5 ペプラムの脇を縫う（図参照）

6 身頃とペプラムを縫い合わせる（図参照）

7 前端の上と裾を縫う（p.57参照）

8 衿を作り、つける（p.45参照）

9 裾を三つ折りにして縫う

10 ボタンホールを作り、ボタンをつける
　　（p.53参照）

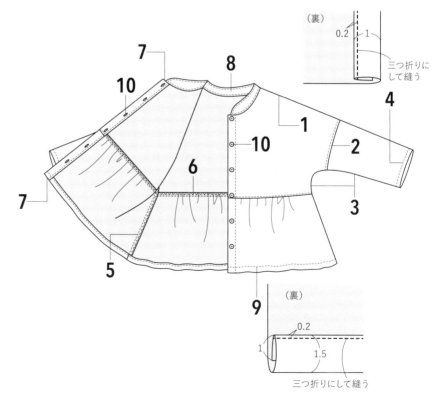

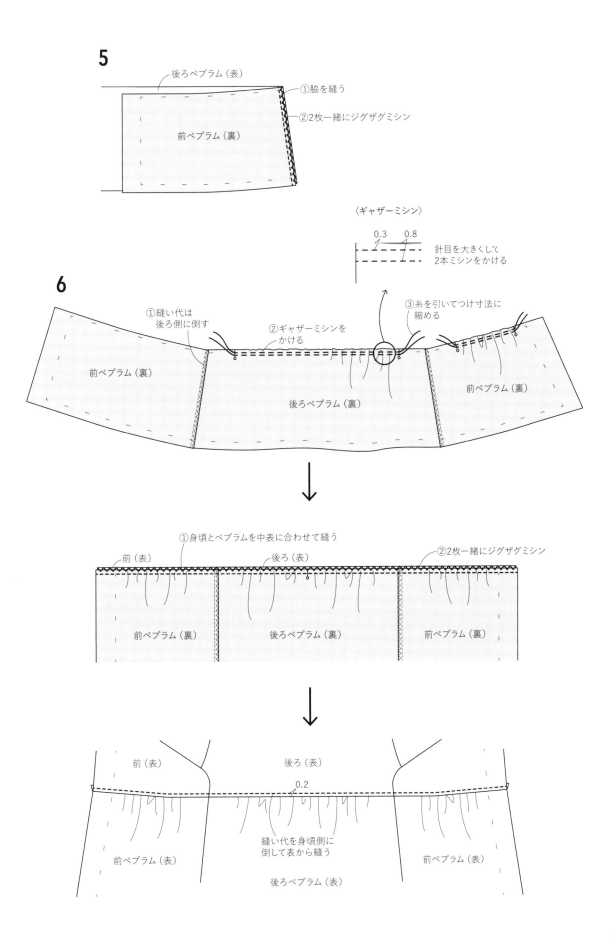

5

後ろペプラム（表）

①脇を縫う

②2枚一緒にジグザグミシン

前ペプラム（裏）

〈ギャザーミシン〉

0.3　　0.8

針目を大きくして
2本ミシンをかける

6

①縫い代は
後ろ側に倒す

②ギャザーミシンを
かける

③糸を引いてつけ寸法に
縮める

前ペプラム（裏）

後ろペプラム（裏）

前ペプラム（裏）

①身頃とペプラムを中表に合わせて縫う

前（表）

後ろ（表）

②2枚一緒にジグザグミシン

前ペプラム（裏）

後ろペプラム（裏）

前ペプラム（裏）

前（表）

後ろ（表）

0.2

縫い代を身頃側に
倒して表から縫う

前ペプラム（表）

後ろペプラム（表）

前ペプラム（表）

21
ロールカラーのブラウス
photo — **p.20**

〈**実物大パターン**〉 前、前ヨーク、後ろ、
後ろヨーク…**B面**、衿、袖…**D面**

＊文中、図中の4つ並んだ数字は、
　サイズ M、L、2L、3L。1つは共通

裁合せ図

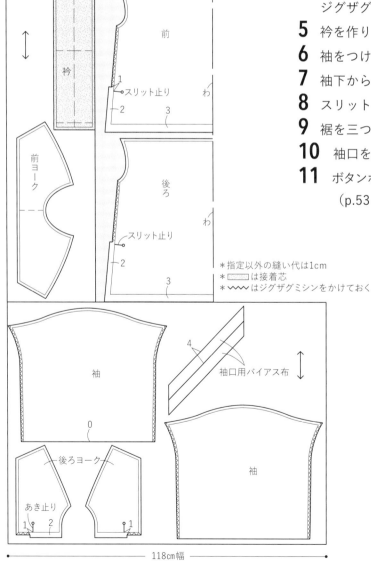

＊指定以外の縫い代は1cm
＊▭は接着芯
＊〜〜〜〜はジグザグミシンをかけておく

出来上り寸法
バスト…140、146、152、158cm
ゆき…77、78、79.5、80.5cm
着丈（前）…65、65、65.5、65.5cm

材料
布［綿ストライプ］…118cm幅200、200、250、250cm
ボタン…直径1.3cmを1個
接着芯…10 × 70cm

作り方

1 前ヨークと前身頃を縫い合わせる（p.45参照）

2 後ろ中心を縫い、あきを三つ折りにして縫う
（p.53参照）

3 後ろヨークと後ろ身頃を縫い合わせる（p.45参照）

4 肩を縫い、縫い代は2枚一緒に
ジグザグミシンをかけて後ろ側に倒す

5 衿を作り、つける（p.53参照）

6 袖をつける（p.55参照）

7 袖下から脇を続けて縫う（p.72参照）

8 スリットを縫う（p.47参照）

9 裾を三つ折りにして縫う

10 袖口をバイアス布でくるむ（図参照）

11 ボタンホールを作り、ボタンをつける
（p.53参照）

バイアス布をはぎ合わせる場合

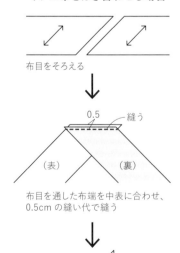

布目をそろえる

布目を通した布端を中表に合わせ、
0.5cm の縫い代で縫う

割る

余分はカットする

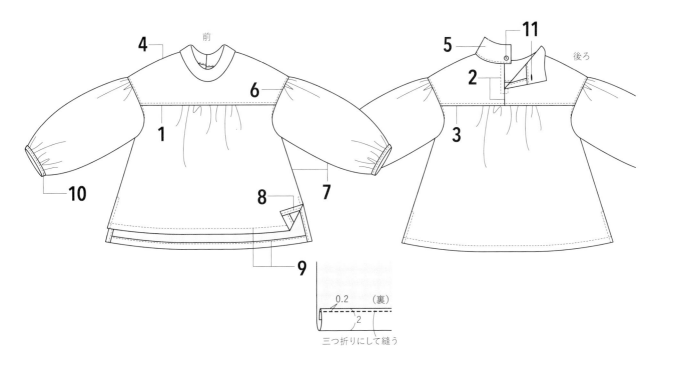

前

4

6

1

10

7

8

9

5

11

2

3

後ろ

0.2　（裏）

2

三つ折りにして縫う

10

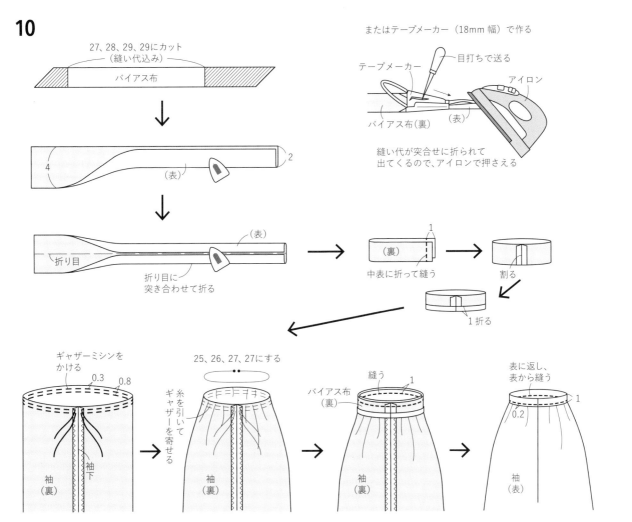

27、28、29、29にカット
（縫い代込み）

バイアス布

またはテープメーカー（18mm 幅）で作る

テープメーカー

目打ちで送る

アイロン

バイアス布（裏）　（表）

縫い代が突合せに折られて
出てくるので、アイロンで押さえる

4

（表）

2

（表）

折り目

折り目に
突き合わせて折る

1

（裏）

中表に折って縫う

割る

1 折る

ギャザーミシンを
かける

0.3　0.8

袖
（裏）

袖
下

25、26、27、27にする

糸を引いてギャザーを寄せる

袖
（裏）

縫う

バイアス布
（裏）

1

袖
（裏）

表に返し、
表から縫う

1

0.2

袖
（表）

23
ロングジレ

photo — **p.23**

〈実物大パターン〉 **D面**

＊M、L、2L、3Lに共通の1サイズ

裁合せ図

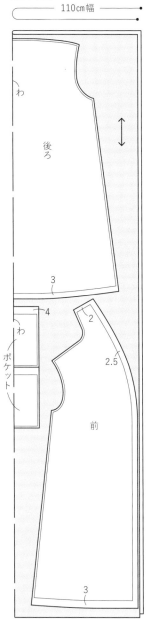

＊指定以外の縫い代は1cm

出来上り寸法

バスト…139cm

ゆき…28cm

着丈…108cm

材料

布［ジャカードニット］…110cm幅250cm

作り方

1 ポケットを作り、つける（p.70参照）

2 衿部分の後ろ中心を折伏せ縫いで縫う（図参照）

3 肩を縫う（図参照）

4 袖ぐりを二つ折りにしてジグザグミシンをかける

5 脇を縫い、縫い代は2枚一緒にジグザグミシンをかけて後ろ側に倒す

6 前裾の角を縫い（図参照）、前端から衿部分の外回りを二つ折りにしてジグザグミシンをかける

7 裾を二つ折りにしてジグザグミシンをかける

折伏せ縫い

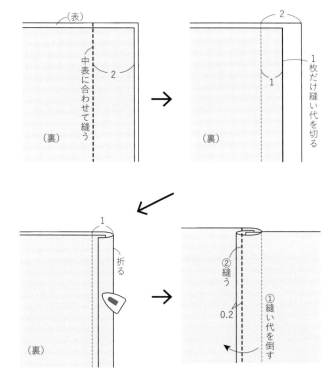

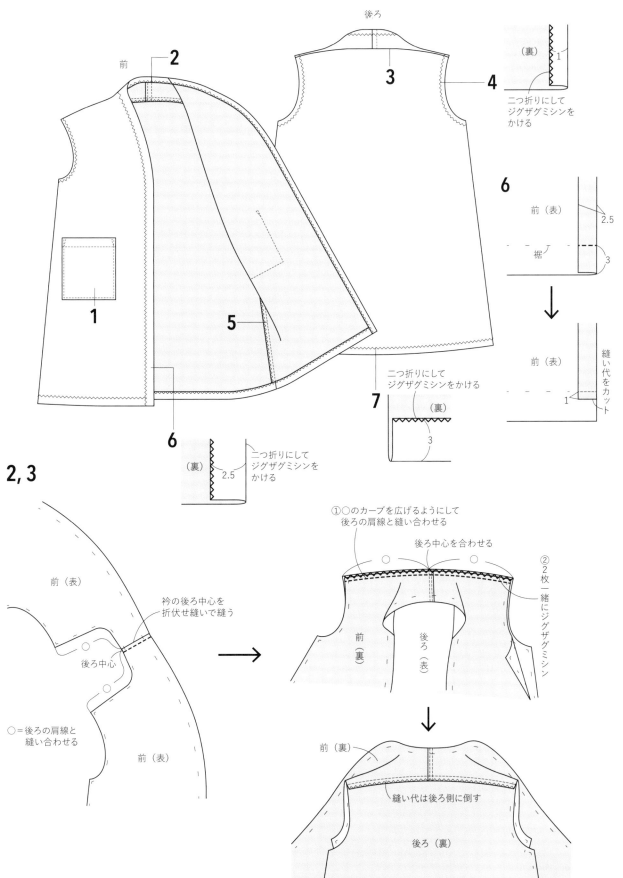

前

2

1

後ろ

3

4

（裏）
1
二つ折りにして
ジグザグミシンを
かける

6

前（表）
2.5
裾
3

↓

前（表）
縫い代を
カット
1

5

6

（裏）
2.5
二つ折りにして
ジグザグミシンを
かける

7

二つ折りにして
ジグザグミシンをかける

（裏）
3

2, 3

前（表）

衿の後ろ中心を
折伏せ縫いで縫う

後ろ中心

前（表）

○＝後ろの肩線と
　縫い合わせる

①○のカーブを広げるようにして
　後ろの肩線と縫い合わせる

後ろ中心を合わせる

②2枚一緒にジグザグミシン

○　　　○

前
（裏）

後ろ
（表）

↓

前（裏）

縫い代は後ろ側に倒す

後ろ（裏）

24, 26
ロングジャケット
photo — **p.24,25**

〈実物大パターン〉 前、後ろ、前見返し…**B面**、
後ろ衿ぐり見返し、袋布…**C面**、袖…**D面**

＊文中、図中の4つ並んだ数字は、
　サイズ M、L、2L、3L。1つは共通

出来上り寸法
バスト…108、114、120、126cm
ゆき…77、78、79.5、80.5cm
着丈…89cm

材料
布［24はサマーウール、26はリネン］
　…148cm幅または150cm幅220cm
接着芯…40×100cm

作り方
1 肩を縫い、縫い代は2枚一緒に
　　ジグザグミシンをかけて後ろ側に倒す
2 衿ぐりを見返しで始末する（図参照）
3 袖をつける（p.72参照）
4 袖下から脇を続けて縫う（p.72参照）
5 スリットを縫う（p.47参照）
6 袋布をつける（p.49参照）
7 袖口を二つ折りにして縫う
8 裾を二つ折りにして縫う

裁合せ図

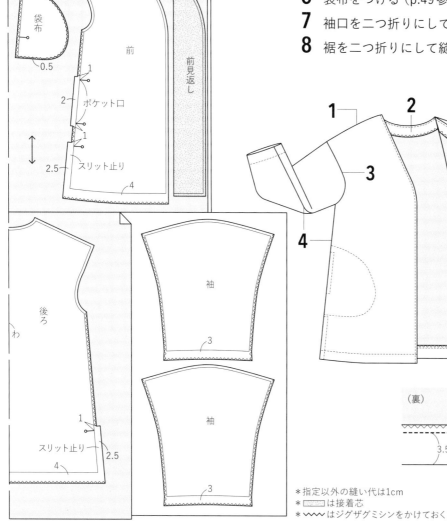

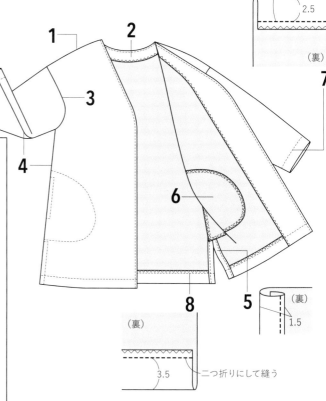

＊指定以外の縫い代は1cm
＊ □□□ は接着芯
＊ 〜〜〜 はジグザグミシンをかけておく

2

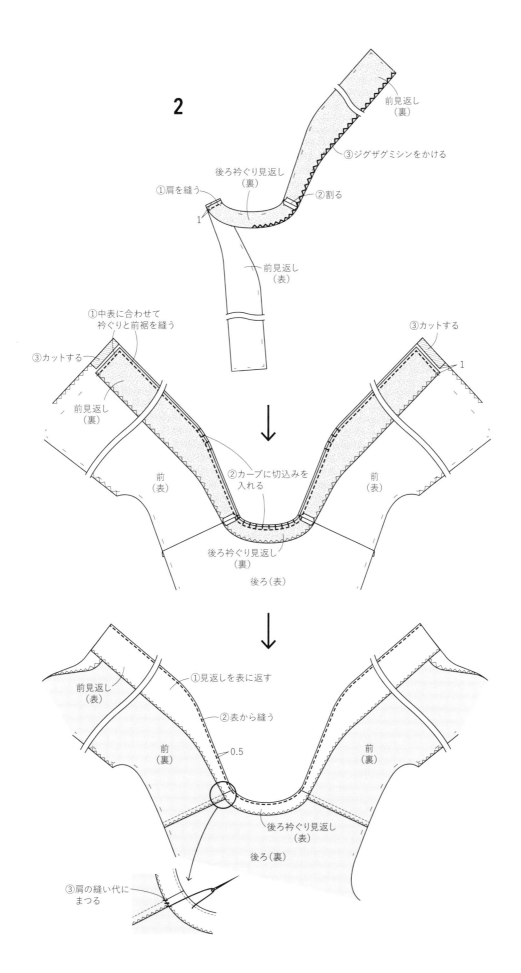

③ジグザグミシンをかける

前見返し（裏）

後ろ衿ぐり見返し（裏）

①肩を縫う

②割る

1

前見返し（表）

①中表に合わせて衿ぐりと前裾を縫う

③カットする

③カットする

1

前見返し（裏）

②カーブに切込みを入れる

前（表）

前（表）

後ろ衿ぐり見返し（裏）

後ろ（表）

①見返しを表に返す

前見返し（表）

②表から縫う

前（裏）

0.5

前（裏）

後ろ衿ぐり見返し（表）

後ろ（裏）

③肩の縫い代にまつる

25
ストレートパンツ

photo — **p.24**

〈実物大パターン〉 **C面**

＊文中、図中の4つ並んだ数字は、
　サイズ M、L、2L、3L。1つは共通

出来上り寸法

ヒップ…108、114、120、126cm
パンツ丈…95、96、97、98cm

材料

布［サマーウール］…148cm幅170cm
ゴムテープ…2.5cm幅70、80、80、90cm

作り方

1～5は p.48～50参照

裁合せ図

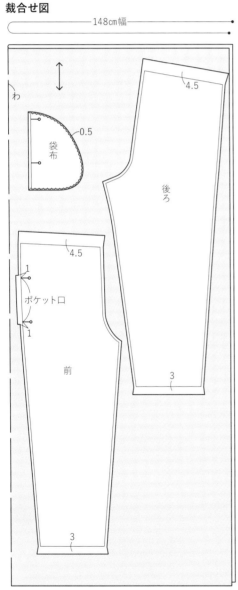

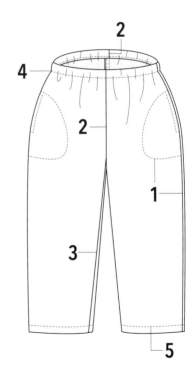

＊指定以外の縫い代は1cm
＊～～はジグザグミシンをかけておく

28, 29
切りっぱなしのジャケット
photo — p.26,27

〈実物大パターン〉　D面

＊M、L、2L、3Lに共通の1サイズ

裁合せ図

＊指定以外の縫い代は1cm
＊▭ は接着芯

ワンポイントアドバイス

切りっぱなしにしない場合、
前端から衿ぐり、袖口、裾に縫い代をつけて
三つ折りにして縫うか（p.70参照）、
二つ折りにしてジグザグミシンをかけて
ください（p.65参照）。

出来上り寸法

バスト…139cm

ゆき…78cm

着丈…65.5cm

材料

布［28, 29とも圧縮ウール］…154cm幅130cm

作り方

1 身頃と裾布を縫い合わせる（図参照）

2 衿部分の後ろ中心を折伏せ縫いで縫う
　　（p.64参照）

3 肩を縫う（p.65参照）

4 袖をつける（p.47参照）

5 袖下から脇を続けて縫い、縫い代は割る

＊縫ってから洗濯すると布端が丸まって風合いが出る

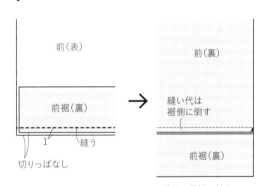

＊後ろも同様に縫う

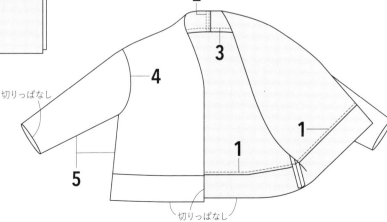

30, 31
続き衿のロングコート
photo — **p.28,29**

〈実物大パターン〉 D面

＊ M、L、2L、3Lに共通の1サイズ

裁合せ図

＊指定以外の縫い代は1cm

出来上り寸法

バスト…139cm

ゆき…78cm

着丈…108cm

材料

布［30はリネン、31はウール］

　…125cm幅または135cm幅320cm

作り方

1 胸ポケットとポケットを作り、つける
　（図参照）

2 衿部分の後ろ中心を折伏せ縫いで縫う
　（p.64参照）

3 肩を縫う（p.65参照）

4 袖をつける（p.47参照）

5 袖下から脇を続けて縫い、縫い代は2枚一緒に
　ジグザグミシンをかけて後ろ側に倒す

6 前端から衿部分の外回りを三つ折りにして縫う

7 袖口を三つ折りにして縫う

8 裾を三つ折りにして縫う

1

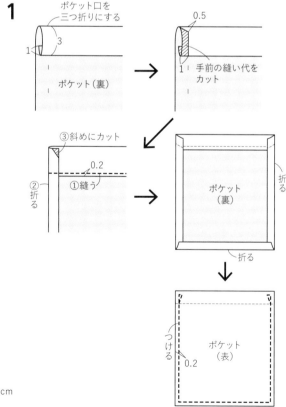

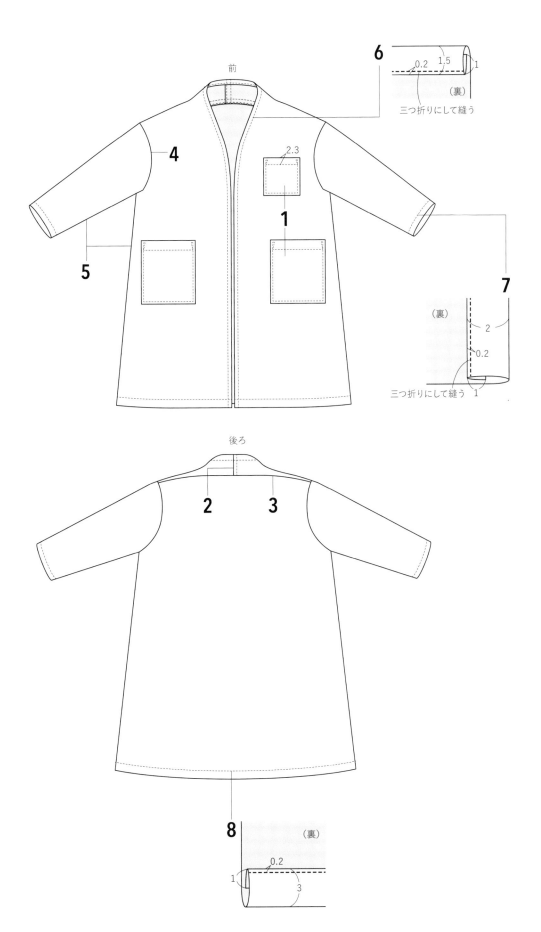

前

6

0.2　1.5　　1

（裏）

三つ折りにして縫う

4

2.3

1

5

7

（裏）

2

0.2

三つ折りにして縫う　　1

後ろ

2　　**3**

8

（裏）

0.2

1

3

32

キルティングのジャケット

photo — **p.30**

〈**実物大パターン**〉　前・前見返し、後ろ…**B面**、
後ろ衿ぐり見返し…**C面**、袖、ポケット…**D面**

＊文中、図中の4つ並んだ数字は、
　サイズM、L、2L、3L。1つは共通

出来上り寸法
バスト…114、120、126、132cm
ゆき…77、78、79.5、80.5cm
着丈…71.5、71.5、72、72cm

材料
布［キルティング］…108cm幅250cm
接着芯…40×100cm
スナップ…直径1.5cmを5組み

作り方

1 ポケット口を二つ折りにして縫い、
　　3辺を折ってつける

2 後ろ中心を縫い、縫い代は割る

3 肩を縫い、縫い代は割る

4 衿ぐりを見返しで始末する（図参照）

5 袖をつける（図参照）

6 袖下から脇を続けて縫う（図参照）

7 袖口を二つ折りにして縫う

8 裾を二つ折りにして縫う

9 スナップをつける（p.75参照）

裁合せ図

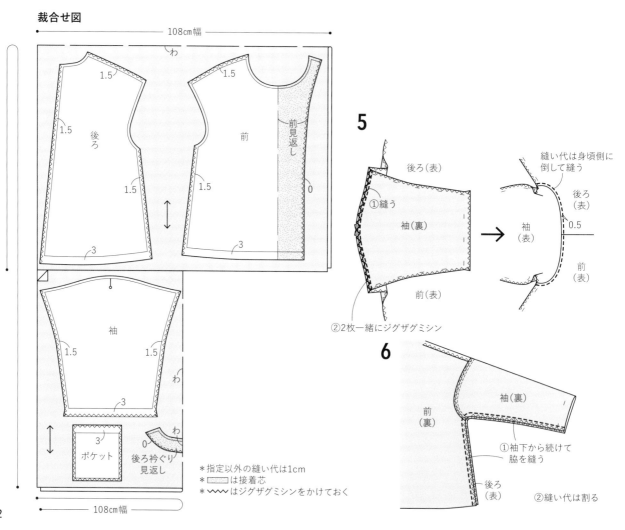

＊指定以外の縫い代は1cm
＊▨は接着芯
＊〜〜はジグザグミシンをかけておく

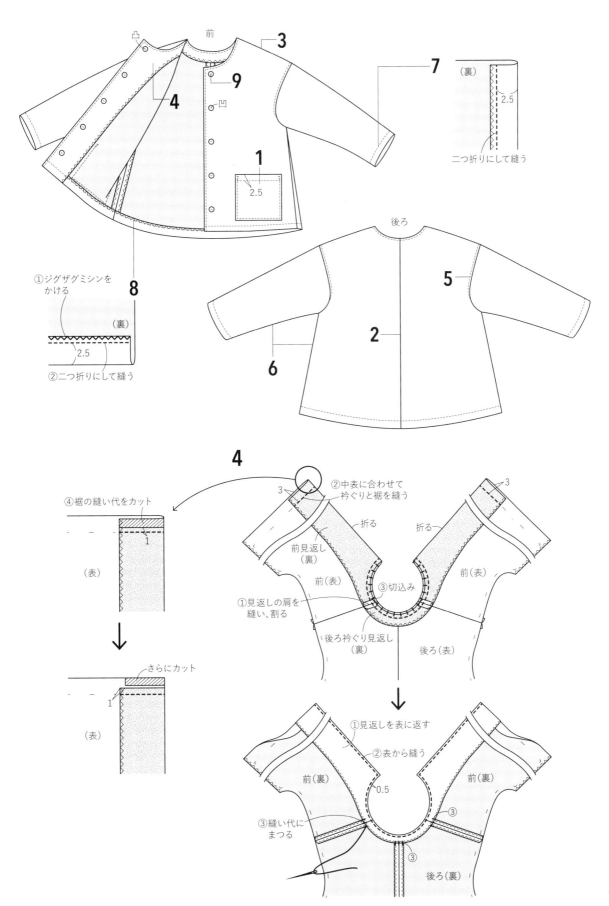

前

3

9 9

4

1
2.5

凸 凹

7

（裏）
2.5
二つ折りにして縫う

①ジグザグミシンを
かける

8

（裏）
2.5
②二つ折りにして縫う

後ろ

5

2

6

4

④裾の縫い代をカット

（表）
1

さらにカット

（表）
1

②中表に合わせて
衿ぐりと裾を縫う

3

3

折る

折る

前見返し
（裏）

前（表）

前（表）

①見返しの肩を
縫い、割る

③切込み

後ろ衿ぐり見返し
（裏）

後ろ（表）

①見返しを表に返す

②表から縫う

前（裏）

前（裏）

0.5

③

③縫い代に
まつる

③

後ろ（裏）

33
キルティングの
ショートコート

photo — **p.31**

〈**実物大パターン**〉 前・前見返し、後ろ…B面、
後ろ衿ぐり見返し、ポケット…C面、袖…D面

＊文中、図中の4つ並んだ数字は、
　サイズM、L、2L、3L。1つは共通

出来上り寸法
バスト…108、114、120、126cm
ゆき…77、78、79.5、80.5cm
着丈…89、89、89.5、89.5cm

材料
布［キルティング］…108cm幅290cm
接着芯…40×110cm
スナップ…直径1.5cmを6組み

作り方
1〜9は p.72,73参照

裁合せ図

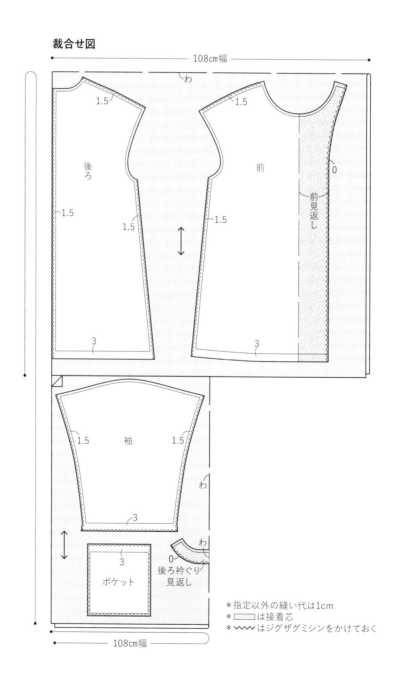

＊指定以外の縫い代は1cm
＊▨は接着芯
＊〰〰はジグザグミシンをかけておく

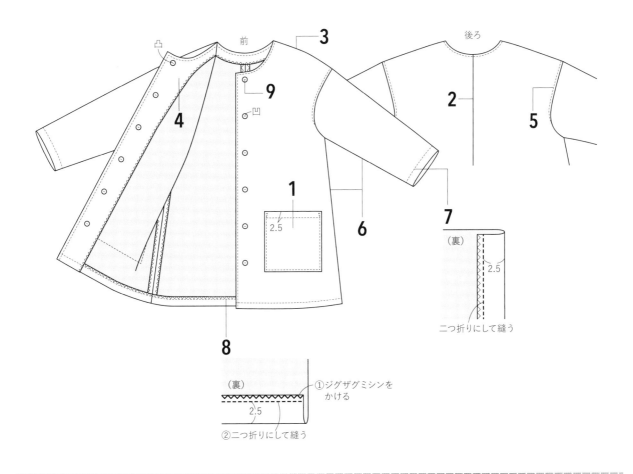

3 前

凸

9

4

凹

1

2.5

6

後ろ

2

5

7

（裏）

2.5

二つ折りにして縫う

8

（裏）

①ジグザグミシンをかける

2.5

②二つ折りにして縫う

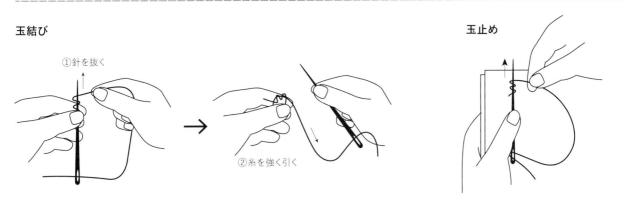

玉結び

①針を抜く

②糸を強く引く

玉止め

スナップのつけ方

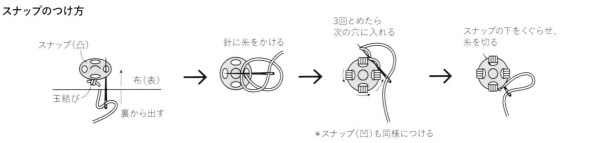

スナップ（凸）

玉結び

布（表）

裏から出す

針に糸をかける

3回とめたら
次の穴に入れる

スナップの下をくぐらせ、
糸を切る

＊スナップ（凹）も同様につける

三つ折り

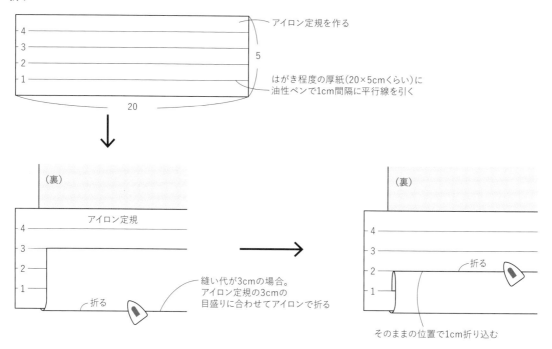

アイロン定規を作る

はがき程度の厚紙(20×5cmくらい)に
油性ペンで1cm間隔に平行線を引く

（裏）

アイロン定規

折る

縫い代が3cmの場合。
アイロン定規の3cmの
目盛りに合わせてアイロンで折る

（裏）

折る

そのままの位置で1cm折り込む

完全三つ折り

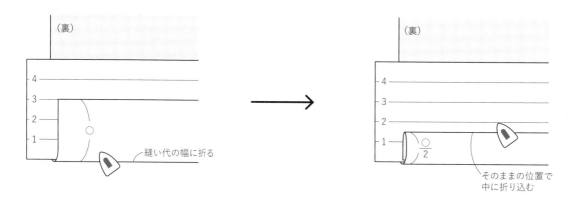

（裏）

縫い代の幅に折る

（裏）

そのままの位置で
中に折り込む

カーブの三つ折り

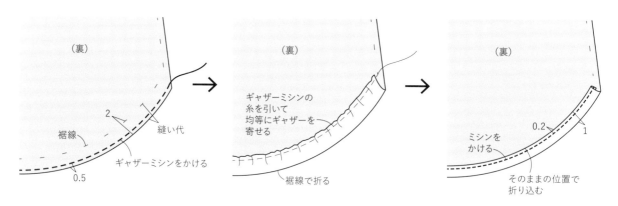

（裏）

裾線

縫い代

ギャザーミシンをかける

（裏）

ギャザーミシンの
糸を引いて
均等にギャザーを
寄せる

裾線で折る

（裏）

ミシンを
かける

そのままの位置で
折り込む

糸ループの作り方

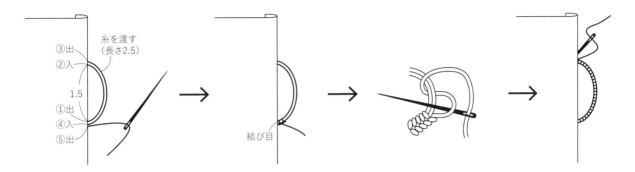

③出
糸を渡す
（長さ2.5）
②入
1.5
①出
④入
⑤出

結び目

＊ボタンが直径1.3cmの場合、ループの長さは2.5cm

ボタンホールの印つけ

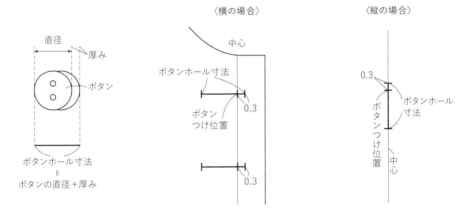

直径
厚み
ボタン

〈横の場合〉

中心

ボタンホール寸法

ボタン
つけ位置

0.3

0.3

〈縦の場合〉

0.3

ボタンホール
寸法

ボタンつけ位置

中心

ボタンホール寸法
＝
ボタンの直径＋厚み

バイアス布のくるみ方

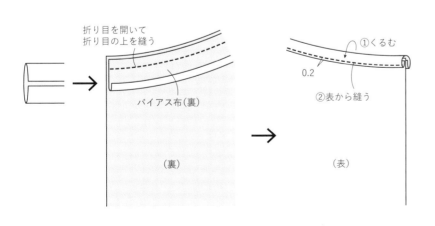

折り目を開いて
折り目の上を縫う

バイアス布（裏）

（裏）

①くるむ

0.2

②表から縫う

（表）

布ループの作り方

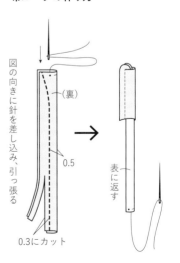

図の向きに針を差し込み、引っ張る

（裏）

0.5

表に返す

0.3にカット

布提供

清原
https://www.kiyohara.co.jp/store/
15, 32, 33

小松和テキスタイル
http://www.komatsuwa.com
生地といろ
https://kijitoiro.jp/
2, 3, 4, 5, 7, 8, 12, 17, 18, 20, 30, 31

fabric-store
https://www.fabric-store.jp/
19, 21, 23, 27

Faux & Cachet Inc.
https://www.fauxandcachetinc.com/
1, 6, 9, 13, 14, 26

ユザワヤ
https://www.yuzawaya.shop/
10, 11, 16

撮影協力

アトレナ
TEL 03-5614-1004
（p.31のベレー帽）

CAMPER
TEL 03-5412-1844
（p.10、25の靴、p.14の黒い靴）

SARAHWEAR
TEL 03-5731-2741
（p.30のニット）

sizkuiro
TEL 03-5772-1304
（p.11右のチョーカー）

SUI
MAIL sui.lab.shoes@gmail.com
（p.11左の靴、p.19、24の靴）

そのみつ
TEL 03-3823-7178
（p.30の靴）

NAOT / NAOT JAPANオフィス
TEL 0742-93-7786
（p.5のサボ）

Paraboot AOYAMA
TEL 03-5766-6688
（p.31の靴）

PUPE
TEL 03-5638-9771
（p.29のブーツ）

Marie-Louise
TEL 03-3871-1855
（p.6、9、27の靴、p.22、23の靴）

ヨーガンレール
TEL 03-3820-8803
（p.11左、26、28のネックレス、p.14のバングル、p.24のピアス）

月居良子 つきおり よしこ

デザイナー。「シンプルなのに着ると立体的で美しい」と日本はもちろんフランスや北欧にも広くファンがいて人気を得ている。主な著書に『ぽっちゃりさんも いろいろ気にせず着たい服』『月居良子の一年中のトップス＆ワンピース』『月居良子の一年中のパンツ＆スカート』『おんなのこのよそいきドレス』『フォーマル＆リトルブラックドレス』『愛情いっぱい 手作りの赤ちゃん服』『愛しのベビーウェア』『手作りドレスでウェディング』（すべて文化出版局刊）などがある。

ブックデザイン	渡部浩美
撮影	滝沢育絵
スタイリング	南雲久美子
ヘア＆メイク	梅沢優子
モデル	山 葉子　船橋純子
撮影（目次、布見本）	安田如水（文化出版局）
製作協力	湯本美江子　組谷慶子
トレース	八文字則子
パターングレーディング	上野和博
作り方元図	堀江友惠
校閲	向井雅子
編集	堀江友惠　大沢洋子（文化出版局）

月居良子の いくつになっても着たい服
大人の女性が輝く33点

2023年　4月　30日　第1刷発行
2023年　8月　28日　第3刷発行

著　者　　　月居良子
発行者　　　清木孝悦
発行所　　　学校法人文化学園　文化出版局
　　　　　　〒151-8524　東京都渋谷区代々木3-22-1
　　　　　　☎03-3299-2489（編集）
　　　　　　☎03-3299-2540（営業）
印刷・製本所　株式会社文化カラー印刷

©Yoshiko Tsukiori 2023　Printed in Japan
本書の写真、カット及び内容の無断転載を禁じます。

文化出版局のホームページ　https://books.bunka.ac.jp/

月居良子の　Sewing Book

自分サイズを切りとって使う
月居良子の
一年中の
トップス＆ワンピース

自分サイズを切りとって使う
月居良子の
一年中の
パンツ＆スカート

自分サイズを切りとって使う2L〜7Lの6サイズ
月居良子の
ぽっちゃりさんも
いろいろ気にせず着たい服

フォーマルシーン・発表会・
七五三・ハロウィンのための
おんなのこの
よそいきドレス

パーティやセレモニーなどに
着られる服が26点
フォーマル＆
リトルブラックドレス

お誕生から2歳までのワードローブ
愛情いっぱい
手作りの赤ちゃん服

出産準備からよちよち歩きまで
愛しのベビーウェア

気品あるデザインのウェディングドレス19点
手作りドレスでウェディング

［ この本で使用した布 ］

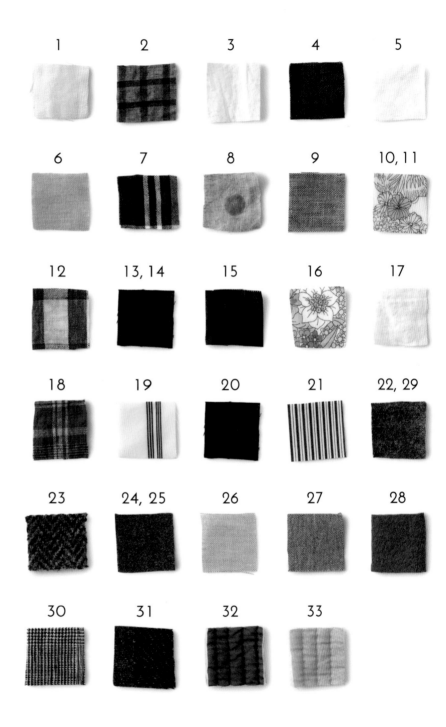

9784579118199

1925077017005

ISBN978-4-579-11819-9
C5077 ¥1700E

定価1,870円（本体1,700円）⑩